Jorge Barudy
Anne-Pascale Marquebreucq

_____

Hijas e hijos de
madres resilientes

Colección
Psicología

Otros títulos de interés

Los buenos tratos a la infancia
Parentalidad, apego y resiliencia
Jorge Barudy y Maryorie Dantagnan

El amor que nos cura
Boris Cyrulnik

Los patitos feos
La resiliencia: una infancia infeliz no determina la vida
Boris Cyrulnik

El murmullo de los fantasmas
Volver a la vida después de un trauma
Boris Cyrulnik

El encantamiento del mundo
Boris Cyrulnik

Bajo el signo del vínculo
Una historia natural del apego

La felicidad es posible
*Despertar en niños maltratados la
confianza en sí mismos: construir la resiliencia*
Stefan Vanistendael y Jacques Lecomte

La resiliencia: resistir y rehacerse
Michel Manciaux (compilador)

El realismo de la esperanza
Testimonios de experiencias profesionales en torno a la resiliencia
Boris Cyrulnik y otros

Hijas e hijos
de madres resilientes

Traumas infantiles en situaciones extremas: violencia de género, guerra, genocidio, persecución y exilio

Jorge Barudy
Anne-Pascale Marquebreucq

gedisa
editorial

Título del original en francés:
Les enfants des mères résilientes
© 2005 SOLAL Editeurs

Traducción: Xavier Urmeneta

Diseño de cubierta: Alma Larroca

Primera edición: febrero del 2006, Barcelona
Primera reimpresión: mayo de 2006, Barcelona

© Editorial Gedisa, S.A.
Paseo Bonanova, 9 1º-1ª
08022 Barcelona (España)
Tel. 93 253 09 04
Fax 93 253 09 05
Correo electrónico: gedisa@gedisa.com
http://www.gedisa.com

ISBN: 84–9784-117-4
Depósito legal: B. 24718-2006

Impreso por: Romanyà Valls
C/ Verdaguer, 1 –08786- Capellades

Impreso en España
Printed in Spain

Índice

extrema como el exilio • Conservación del buen trato y «resistencia resiliente» de los padres • La fragilización del buen trato a causa de los factores contextuales • Las situaciones de riesgo de maltrato • Otro tipo de situación de riesgo: las situaciones límite • Las situaciones de maltrato

Apoyo social para asegurar el buen trato • La asistencia médica • El apoyo psicológico • Las intervenciones en red • Las prácticas en grupo como fundamento del proceso de comunitarización: la reconstrucción del tejido social

Los autores

El profesor **Jorge Barudy Labrín** es médico, neuropsiquiatra, psicoterapeuta y terapeuta familiar sistémico.

A lo largo de su carrera profesional ha asumido numerosos encargos de investigación y docencia en diferentes universidades e instituciones, siempre relacionados con la infancia y la familia. Durante más de diez años, ha ejercido como formador en el Grupo de formación e investigación en intervención terapéutica sistémica y de terapia familiar de la Facultad de Medicina de la Universidad Católica de Lovaina (Bélgica).

Asimismo, fue director médico de varios programas de salud y de salud mental, tanto en Chile, su país de origen, como en Bélgica y España.

Ha sido igualmente, durante más de una década, el responsable clínico del programa de prevención y tratamiento del maltrato infantil de la Universidad Católica de Lovaina.

Fue uno de los fundadores, en 1976, y es director, desde entonces, del Centro Exil (Centro médico-psicosocial para los refugiados políticos y víctimas de la tortura), con sedes en Bruselas y Barcelona.

Entre los años 1985 y 2000, colaboró activamente con el Office de la Naissance et de l'Enfance de Bélgica como miembro del comité científico de investigación-acción sobre los abusos sexuales, y fue promotor de dos investigaciones subvencionadas por el Fondo Herman Houtman: «Ampliación y evaluación de las actividades médico-psicosociales del COPRES dirigidas a la infancia en un medio de inmigración» y «Apoyar el buen trato en las familias víctimas de la guerra, los genocidios y las persecuciones políticas que han venido a Bélgica buscando refugio».

Es también consultor y supervisor de varios programas de prevención del maltrato infantil en varios países europeos y latinoamericanos.

Ha participado, en tanto que psiquiatra y formador, en diferentes misiones internacionales destinadas a rehabilitar a las víctimas de la violencia política, social o familiar y de la violación de los derechos humanos en Nicaragua, Chile, Palestina...

Es autor de varios libros sobre las consecuencias de la violencia en las personas, la familia y la sociedad. Ha publicado más de una cincuentena de artículos en revistas especializadas y ha participado en numerosos seminarios y congresos internacionales sobre temas relacionados con la infancia maltratada.

Jorge Barudy ha sido galardonado con el Premio Herman Houtman 2002 de Bélgica. El Centro Exil fue así distinguido, en la persona de su director, por su trabajo profesional y su compromiso social, durante más de veinticinco años, con las niñas, los niños y sus familias que han sido víctimas de la violencia organizada.

Ha sido también galardonado con el Premi Nacional de la Infància de Catalunya, otorgado en Barcelona en el año 2002, como reconocimiento a su trabajo en el campo de la infancia maltratada.

Anne-Pascale Marquebreucq es licenciada en Psicología clínica y diplomada en Psicoterapia familiar.

Ha trabajado en varias instituciones para niños y adolescentes que han sido víctimas de diferentes formas de violencia.

Trabaja en el Centro Exil como responsable del programa «Niños-familias» y como responsable clínica. Es en este marco en el que ha coordinado para el Fondo Herman Houtman, juntamente con Jorge Barudy, la investigación-acción sobre el apoyo a la parentalidad bientratante en las familias exiliadas.

Es asimismo psicoterapeuta infantil, de adultos y familiar en el campo de la práctica privada, así como formadora y supervisora en el campo de la prevención y el tratamiento de los malos tratos infantiles.

Prefacio

Hace mucho tiempo que le sigo la pista a Jorge Barudy porque tiene mucho que enseñarnos. Su trayectoria personal, su experiencia como profesional sobre el terreno y su método científico (que él denomina *de observación participante*), así como el equipo alegre y eficaz del que ha sabido rodearse, están desarrollando una nueva manera de comprender y de practicar la psicoterapia de las personas traumatizadas.

En este libro, los autores nos ofrecen la experiencia de Exil, una ONG internacional que ofrece su ayuda a las personas que han sido expulsadas de sus países. La vergüenza del siglo XX ha sido la existencia de los campos de la muerte. Quizá la que se prepara para el siglo XXI sea acaso la de la masacre de los niños y las niñas. El imperio del dinero se mundializa más que nunca gracias a la tecnología. El triunfo de los unos conlleva el hundimiento de los otros, y cuando el fuego alcanza la casa los moradores huyen, los pueblos se desplazan e incluso los que quieren apagar el fuego deben salir corriendo para sobrevivir. Los desplazamientos de población constituirán probablemente un inmenso problema en el siglo que acaba de nacer.

Todas esas personas que desembarcan en un país de acogida, del que no conocen a menudo ni la lengua ni los ritos, reciben un aluvión de traumas. Al desgarro inicial que les ha expulsado de sus países se añaden, sin cesar, otros traumas: el duelo, la miseria, la humillación administrativa, el fracaso escolar, la dificultad de integración mediante el trabajo.

A pesar de la herida primera, que los sucesivos desgarros hacen sangrar sin cesar, Jorge Barudy y su equipo intentan la aventura de la resiliencia.

¿Cómo ayudar a esas personas a recomponer –de una forma u otra– sus yoes destrozados?

11

La definición de la resiliencia es hoy tremendamente clara, y se puede resumir en cuatro elementos clave: 1) los desgarros traumáticos; 2) las suturas, mejores o peores, de su entorno; 3) la evaluación del trauma, las agresiones y los golpes reales, y 4) la evocación del trauma en la representación de lo sucedido, en el relato íntimo y en la mirada social.

Jorge Barudy añade a este concepto el de la *resistencia*. Ésta es más sincrónica, más adaptativa que la resiliencia, pero igualmente apela a todas nuestras fuerzas, a todo aquello que habíamos adquirido antes, a todo lo que nos queda después del drama. La resiliencia seguirá, más diacrónica, siempre y cuando la cultura disponga cerca de los heridos lugares donde la palabra pueda elaborar el trauma, modificando la representación de la herida, y donde la sociedad se comporte verdaderamente como un lugar de acogida para las víctimas.

El maltrato ha sido durante demasiado tiempo difícil de pensar. Durante siglos, se ha afirmado incluso que era un método educativo. Había que domesticar a los chicos para impedir que se convirtieran en bestias salvajes, había que amaestrar a las chicas para evitar que se prostituyeran. Era moral y, además, ¡era por su bien! El maltrato era hasta tal punto impensable que era necesario aportar «pruebas» para demostrarlo. Entonces se describió el «síndrome del niño maltratado», gracias a las investigaciones de un radiólogo, el doctor Silverman, quien descubrió las estrías blancas de las calcificaciones en los cuerpos vertebrales. Hoy en día nadie tiene ya necesidad de tales pruebas: basta con encontrar al niño y su familia para descubrir en ellos los signos clínicos y las palabras que permiten hacer un diagnóstico. Hace una treintena de años, brillantes universitarios y gloriosos académicos sostenían que el maltrato no existía. Fueron los clínicos, los investigadores de campo y las asociaciones quienes impulsaron el movimiento que permite, hoy en día, que cientos de miles de niños sean, al fin, protegidos.

A algunas personas, actualmente, les cuesta pensar en términos de resiliencia, ya que se trata de una nueva visión de la salud mental. Ya no se piensa en términos de una sola causa que provoca un único efecto, como en la física, sino que se intenta evaluar la interacción de un sujeto en medio de una constelación de determinantes. En el caso del daño traumático, se evalúan las estrellas que brillan todavía en esa constelación. Son éstas las que nos servirán de «guías de resiliencia», con el apoyo de las cuales el herido intentará retomar algún tipo de desarrollo.

El Centro Exil asocia a profesionales de diversas formaciones que buscan actuar sobre todos los puntos del sistema: el cuerpo, desde luego, pero también el arte, la psicología, el altruismo, el compromiso social e incluso el combate contra los prejuicios culturales. Cuantos más tutores de resiliencia dispongamos alrededor del herido, mayores probabilidades tendrá éste de encontrar aquel que le convenga.

No es posible reconstruirse solo, como lo han demostrado todos los estudios etológicos que han trabajado la noción de carencia afectiva desde 1946, con Anna Freud y René Spitz, y la noción de hospitalismo, descrita en 1952 por John Bowlby. La resiliencia, en tanto que dinámica reparadora, implica una asociación de profesionales, médicos, educadores, maestros, monitores de deporte, artistas, psicólogos, sociólogos e incluso economistas. Se trata, al fin y al cabo, de todo lo que una sociedad debe proporcionar. La resiliencia es, pues, una alternativa de salud mental para un individuo herido que busca desarrollarse, tras el trauma, en su familia y en su sociedad. Es la actitud ante el sufrimiento psíquico que preconiza la OMS: inscribir todo problema psicológico en el marco de la salud mental de la sociedad, antes que en el marco de un hospital especializado o de un instituto de psicoterapia esotérica. Esta actitud ante el sufrimiento psicológico implica una distribución de los conocimientos entre los diferentes profesionales. Esta transferencia de poder protege al herido, pero no agrada a los profesionales que pretenden tener el monopolio del saber, es decir, del poder.

Frente al sufrimiento, nadie puede reivindicar el monopolio de la solución. Va siendo hora ya de acabar con la época del «no hay nada mejor que…»: «no hay nada mejor que los medicamentos…, ¡en absoluto!, no hay nada mejor que el psicoanálisis…, ¡ni hablar!, no hay nada mejor que el conductismo…, la hipnosis… o la sociología». Inventen todos los «no hay nada mejor que» que ustedes quieran; pueden estar seguros de que algún psico-no-sé-qué, ávido de poder y de certidumbre, lo habrá inventado ya.

La originalidad del trabajo de Exil consiste en la observación participativa que se hace junto con las familias expatriadas. En el año 2002, esta asociación ganó en Bélgica el importante premio Fonds Herman Houtman, destinado a distinguir periódicamente a un equipo que trabaje en beneficio de la infancia. Ese año, el Centro Exil fue distinguido entre una cincuentena de candidatos, todos ellos muy competentes: una sabia elección. Setenta familias, ciento veintiún niños llegados de treinta y cinco países diferentes, especialmente de África, América Latina y Europa del Este, han recibido apoyo para promover el buen trato familiar.

Esta experiencia única permite descubrir algunas de las características de este tipo de familias agredidas. Cuando se agrede a los padres, se agrede doblemente a los niños: directamente, mediante el ataque físico, sexual o social que reciben, e indirectamente, porque enseguida retomarán su desarrollo en contacto con unos padres dañados ellos mismos por la violencia. El niño herido deberá crecer y aprender a vivir en una parentalidad alterada.

Para intentar reparar este sistema quebrantado, Exil ha tenido que analizar, primero, los criterios de la resiliencia, con la finalidad de intervenir sobre todos los puntos accesibles del sistema familiar agredido:

1. **Antes del trauma:**
   - *Adquisición de recursos internos*: especialmente, el efecto protector y socializador de los niños que han podido aprender el estilo afectivo del apego seguro.
   - Cualidad de los *tutores de desarrollo*: estilo parental, estructuras familiares, fratría, vecindad y, sobre todo, organizaciones sociales y culturales.

2. **El trauma**, la agresión real, es más difícil de evaluar, ya que depende, sobre todo, de la significación y del contexto. No obstante, se pueden evaluar:
   - La intensidad.
   - La duración.
   - La permanencia en la memoria.
   - El significado atribuido al suceso por la historia del sujeto herido, en su contexto familiar y cultural.

3. **Tras el trauma:**
   Evaluación de los rescoldos de resiliencia que perduran todavía en el sujeto herido: a) el estilo afectivo y b) los mecanismos de defensa.

Sin embargo, hay que diferenciar:

- *Los mecanismos de defensa negativos* (regresión, proyección, agresión, agitación, seducción, sumisión, búsqueda de la indiferencia, embrutecimiento, confusión, amnesia, hipocondría, crisis delirante). Estos mecanismos de defensa son adaptativos. Son en legítima defensa, pero deforman la realidad; amputan el mundo psíquico del herido para adaptarlo a una realidad violenta.
- *Ciertos mecanismos son protectores*, también, en un contexto violento, pero se convierten a su vez en deformantes de la realidad cuando ese contexto evoluciona (aislamiento, formación reactiva y, sobre todo, negación).
- En el extremo opuesto, *algunas defensas pueden constituir los primeros zurcidos resilientes* (intelectualización, sublimación, creatividad, altruismo, humor, ensoñación, anticipación, escritura, compromiso artístico, social, afectivo o político, perdón y espiritualidad).

Para entender cómo los mecanismos de defensa pueden convertirse en benéficos o maléficos, hay que asociar las dos lanas con que se teje la resiliencia: la construcción de la personalidad antes del trauma y la disposición, alrededor del herido, de guías o tutores de resiliencia tras el trauma:

- El estado de la parentalidad (alterada, estable o idealizada).
- La facilitación de «lugares de encuentro» donde surja la palabra.
- La expresión artística.
- El compromiso afectivo y social.
- Los estereotipos culturales o la visión social.

A partir de ahí se pueden evaluar las posibilidades de que dispone la persona traumatizada para retomar un tipo de desarrollo determinado.

No obstante, a veces, la resiliencia no es posible:

- porque los recursos internos no fueron bien fortalecidos (falta de estabilidad afectiva, falta de vínculos seguros, entorno con riesgo de maltrato, problemas graves del desarrollo);
- porque la intensidad y la duración del trauma han descalabrado demasiado el psiquismo o el cerebro del agredido;

- porque el entorno no proporciona al herido ningún tutor o guía de resiliencia.

En estas situaciones se constata una gran variedad de problemas psíquicos, siendo los dos más frecuentes:

- el estupor: la persona, inmersa en un cúmulo de informaciones, no logra ya procesar ninguna de ellas;
- y el psicotrauma: el pasado que no pasa. El herido sigue sufriendo el suceso como si acabara de sucederle lo vive sin cesar en sus representaciones como un eterno presente aterrador.

Cuando la resiliencia empieza a remendar el yo desgarrado, Jorge Barudy subraya la importancia del altruismo y el importante rol que juegan las mujeres en los cuidados proporcionados a los niños, así como en la solidaridad afectiva y la ayuda mutua material. Este altruismo permite considerar la empatía como uno de los mecanismos de defensa constructiva más eficaces. Los accidentes y los experimentos etológicos han demostrado ampliamente la importancia que tiene la afectividad en todos los desarrollos, ya sean biológicos, cognitivos, comportamentales, afectivos e incluso intelectuales. Sin afecto, todo se detiene. El único objeto exterior a la persona aislada afectivamente es su propio cuerpo, y de ahí que los balanceos, los estereotipos vocales, el efecto estroboscópico de las manos, el olfatearse a sí mismos o las actividades autocentradas den una imagen de vida a quien está prácticamente muerto. El estupor de los traumatizados, o la permanencia de las imágenes del terror vivido, crean también en el mundo psíquico un mundo autocentrado. El altruismo, en estos casos, nos prueba que existe un inicio de resiliencia. La paralización de la empatía que constatamos clínica y experimentalmente, tras un trauma o en un aislamiento afectivo, es un síntoma de actividad psíquica autocentrada. Es un factor de protección, como cuando uno sufre demasiado y, prisionero de su sufrimiento, se obsesiona con su herida. Queriendo sufrir menos, no llega a pensar en otra cosa. Pero cuando un primer factor de resiliencia entra en juego, el herido intenta comprender lo que ha pasado y encontrar alrededor suyo un lugar de expresión para tejer un lazo afectivo familiar o grupal que le permita combatir su mundo autocentrado.

Sería demasiado sencillo encontrar una causa única para explicar un único efecto. Las causalidades lineales exclusivas no son sino verdades parciales. Cuando se razona de esta manera para explicarse el mundo psíquico, de lo que se trata, probablemente, es de un pensamiento terriblemente reduccionista que designa a un chivo expiatorio. Lo real es siempre complejo y está repleto de mandatos contradictorios. Todo padre inmigrante transmite a sus hijos: «¡Sé tú mismo y sé como nosotros!». Lo que conlleva que el hijo tenga ante sí un difícil trabajo de identificación: «Si aprendo la cultura de acogida, traiciono a mis padres. Y, si permanezco fiel a ellos, me arriesgo a no integrarme». Muchos hijos de inmigrantes se parentifican, se convierten en padres de sus padres. Como aprenden la lengua del país de acogida mucho más fácilmente que sus padres, rápidamente adoptan el rol de traductor y de responsable de las gestiones administrativas. Se vuelven asimismo un poco condescendientes hacia sus padres, de quienes deberían aprenderlo todo. Estos niños, tras haber sufrido la violencia visible del país de origen, sufren seguidamente la violencia invisible del país de acogida, su negación, su indiferencia o su glotonería sádica. Esos adultos, a quienes la historia ha convertido en personas particularmente sensibles ante cualquier problema de desarraigo cultural, sufren especialmente ante la menor humillación. Desarrollan una especie de fobia al papeleo administrativo a causa del cual han sido tan fácilmente humillados (horas y horas de espera; ningún tipo de orden, sin ser asignados a un número, con riesgo de empujones; respuestas cortantes). Esta fobia complica su ya difícil integración. El estupor, la búsqueda de la indiferencia, el abatimiento, son factores adaptativos que permiten sufrir menos, pero que al mismo tiempo obstaculizan la resiliencia. Los síndromes postraumáticos, sorprendentemente diferentes, varían desde el 15 % para los exiliados libaneses hasta más del 80 % para los yugoslavos, pero las condiciones de la acogida inciden también en estas diferencias. Por ello, Jorge Barudy propone organizar un «tejido social de pertenencia transicional» que permita la evolución, el cambio de cultura, con menos violencia.

En un pequeño número de casos, algunas familias en el exilio se convierten, a su vez, en maltratadoras (un 6 % frente al 2 % de la población general). La mayoría de mujeres embarazadas tras una violación son torturadas por el hecho de llevar dentro al hijo del enemigo. Son destruidas en su función de «madre portadora» y llegan a odiar a su propio hijo si se las deja solas con él. El equipo de Exil les propone comprometerse, en presencia de una tercera persona, en actividades de conversación y de testimonio. Me gusta mucho la aparente banalidad de estas palabras, ya que condensan todos los factores de la resiliencia. La presencia de una tercera persona reintroduce la condición humana, impide el cara a cara destructor entre la mujer violada y su hijo representante del odiado enemigo. Es casi imposible hablar regularmente con alguien sin quedar afectado, y la banalidad tranquilizadora de la conversación permite tejer un nuevo lazo afectivo. Esta tercera persona que recoge el testimonio permite después que el herido logre darle un sentido a la violencia insensata: se trata de comprender para que eso no vuelva a suceder nunca más.

Este tipo de investigación-acción restaura la autoestima destrozada por el trauma, proponiéndole al herido convertirse en coinvestigador junto con el profesional. No se trata ya de un psicoterapeuta al que se le supone la sabiduría, y que escucha pasivamente al herido que cree-que-el-otro-sabe. Se trata de una colaboración en la que el herido posee un saber y lo trabaja con un profesional que posee otro saber.

La instauración de un espacio transicional de este tipo permite unir el afecto y las representaciones, compartirlas, trabajarlas y, por tanto, manejarlas, así como hacer evolucionar la imagen del trauma. Es un proyecto a construir. La violencia ha destruido una parte de la historia y de la personalidad de esas personas amputadas, pero el descontrol ejercido por los agresores no es omnipotente. Una vida puede recuperarse si a esas familias les prodigamos cuidados.

Esto es lo que hacen Exil y Jorge Barudy.

Boris Cyrulnik

Agradecimientos

Este libro ha sido redactado por dos autores, pero hay un tercer protagonista, Jean Ives Crappe, trabajador social de Exil, que, aunque ciertamente optó por no participar en su redacción, fue uno de los animadores de la investigación-acción cuyos resultados son parte del contenido de esta obra. Citarlo es una forma simbólica de mencionar, a través de él, al conjunto de profesionales que trabaja en nuestro centro. En especial, a los que forman parte del programa destinado a los niños y a sus familias, profesionales que, con sus intervenciones terapéuticas comprometidas y cotidianas, hacen posible la práctica que da sustancia a este libro.

Queremos mostrar nuestro agradecimiento a todas las familias exiliadas y desplazadas, originarias de todos los continentes y que han sido víctimas de diferentes formas de violencia organizada y de traumas difícilmente imaginables, a las que atendemos en nuestros Centros de Bruselas (Bélgica) y de Barcelona (España). Ellas nos han mostrado sus sufrimientos, pero también sus recursos, reforzando nuestra confianza en la creatividad de las personas y de las familias para hacer frente a sus problemas, conflictos y sufrimientos. También deseamos dar las gracias a los diferentes profesionales que trabajan en otras instituciones y que nos han dado su confianza y su apoyo en nuestras actuaciones en red.

Una parte importante del contenido de este libro fue un proyecto de investigación-acción financiado por el Fondo Houtman, organismo belga dependiente del Office de la Naissance et de l'Enfance. A ellos, también, nuestros agradecimientos.

Asimismo, queremos manifestar un reconocimiento especial a nuestro amigo y colega Xavier Urmeneta, que dedicó una parte de sus ratos libres a traducir esta obra del idioma francés al castellano, y que, además, aportó correcciones valiosísimas al texto original francés.

El nexo común de todos estos protagonistas citados es la solidaridad y el compromiso mutuo para contrarrestar uno de los efectos más nocivos de las situaciones de violencia: el daño causado a los niños.

A todos los protagonistas de esta aventura profundamente humana queremos decirles: «gracias».

Agradecer la solidaridad puede parecer paradójico... ¿El compromiso solidario no es, al fin y al cabo, una de las manifestaciones naturales de la relación entre los humanos y también de este fenómeno maravilloso que es el amor?

El amor es la base de lo humano y la emoción del altruismo social. Es, pues, natural ser solidario, sobre todo cuando se trata de apoyar acciones destinadas a proteger la vida y el desarrollo de los niños y de las niñas.

No obstante, la pragmática del amor implica también el reconocimiento de nuestra interdependencia para llegar a proyectos singulares a través de los cuales escogemos libremente materializar nuestro altruismo social.

Los profesionales de la salud, protagonistas de esta historia, estamos unidos por nuestro entusiasmo y compromiso para mantener en pie, entre todos y todas, un programa para promover el bienestar de los niños y de las niñas a través de prácticas de «buen trato».

Nuestro profundo agradecimiento se dirige, pues, a todos los profesionales y no profesionales que han participado y participan en nuestras dinámicas de ayuda mutua y de apoyo. No podemos citarlos a todos, incluso sabiendo que han sido las aportaciones de todos ellos las que nos han permitido co-construir las intervenciones capaces de apoyar a los hijos y a los padres en el exilio.

Debemos aún dar las gracias a las madres y a los padres en el exilio. Sus capacidades para resistir, para reconstruir sus proyectos y para amar en condiciones tan difíciles han reforzado nuestra confianza en el ser humano.

Gracias por todo lo que nos habéis aportado y enseñado. Nuestro agradecimiento se dirige sobre todo a vuestros hijos e hijas, que son, gracias a vosotros, signos de vida y esperanza.

Los autores

Introducción

Es ineludible constatar que una parte de la población de nuestro planeta sigue, hoy y siempre, confrontada a la guerra, el terrorismo, la represión política, los genocidios, las violaciones sistemáticas de los derechos humanos… El contexto geopolítico internacional y el modelo de globalización económica no hacen sino acrecentar cada vez más el enorme foso que separa a los países pobres de los países ricos. A ello se le añade la soberbia de ciertas naciones que agreden a los pueblos, sobrepasando toda forma de legalidad internacional.

Para miles y miles de personas existen muy pocas elecciones posibles frente a esas realidades. Huir, exiliarse y encontrar refugio en otro país, cuando ello es posible, se impone antes que se decide.

Los que así llegan a los países europeos están marcados por esas experiencias de violencia y cargados con el peso de las pérdidas y los duelos. Además, se enfrentan a la ardua tarea de aprender a sobrevivir en un contexto desconocido. A los traumas provocados por la violencia organizada se les añade el sufrimiento del exilio: el desarraigo, el aislamiento y la precariedad social.

El concepto de *violencia organizada* fue establecido en 1986 por la Organización Mundial de la Salud. Se refiere a las situaciones en las que personas pertenecientes a un determinado grupo agreden a personas pertenecientes a otro basándose en un sistema de creencias que legitima o mitifica el uso de la violencia. Toda forma de represión política, religiosa, sexual, étnica y de género queda incluida en esta definición. Las manifestaciones de esta violencia son, entre otras, los genocidios, la «limpieza étnica», la violación, la tortura, la mutilación sexual de las mujeres, la desaparición de personas, el exilio y los desplazamientos forzados; todas ellas constituyen violaciones extremas de los derechos humanos.

En respuesta a esas violencias, las familias resisten de formas muy diferentes, pero con un mismo objetivo: permanecer vivos, salvar a los suyos, proteger y cuidar a los niños y encontrar un nuevo país para empezar de nuevo.

Todo ello está lejos de ser fácil y supone, bien al contrario, una acumulación de sufrimientos y de desafíos que implican unas enormes cantidades de estrés y graves traumas.

Una vez que han llegado a un lugar más seguro, que no suele ser definitivo, las familias deben enfrentarse, con sus heridas, al desafío de adaptarse a un país en el cual son mal recibidos y, cada día que pasa, más rechazados.

Las estrategias de supervivencia y reconstrucción que más nos han admirado son los diferentes comportamientos que tienen los padres para salvar y proteger a sus hijos y proporcionarles los cuidados adecuados.

Nuestro interés por las fuentes de este heroísmo increíble nos ha movido a desarrollar un conjunto de acciones con el fin de apoyar el buen trato a los hijos de las familias que atendemos.

La práctica de la que vamos a dar testimonio se lleva a cabo, desde hace casi tres décadas, a través del programa terapéutico del Centro Exil de Bruselas, y desde hace cinco años en el Centro Exil de Barcelona. El Centro Exil-Bélgica fue creado en el año 1976, por profesionales chilenos de la salud, gracias a la iniciativa de Jorge Barudy, coautor de esta obra. Otros profesionales latinoamericanos y belgas se añadieron a este proyecto, lo que hizo posible su materialización. Los profesionales latinoamericanos presentaban la particularidad de ser supervivientes de la represión política y del sistema de tortura de las dictaduras militares que en los años setenta asolaron América del Sur. El Centro Exil-España nació en Barcelona, en el año 2000, como una sede del proyecto belga.

En el momento de su creación, el centro se llamaba COLAT (Colectivo Latinoamericano de Trabajo Psicosocial). Diez años después se convirtió en el Centro Exil: Centro médico-social para refugiados políticos y víctimas de la tortura.

Actualmente, el equipo de profesionales de los centros Exil está constituido por médicos de familia, trabajadores sociales, psiquiatras, psicólogos, psicoterapeutas, animadores de acogida y personal administrativo. El equipo de Exil es un sistema intercultural e interdiscipli-

22

nario que proporciona atención médica, psicológica y social mediante una práctica comunitaria e intercultural basada en la comprensión sistémica del sufrimiento de las personas exiliadas y sus familias, así como en intervenciones en red. Uno de los pilares básicos del programa de este equipo se ha basado siempre en la consideración de sus intervenciones terapéuticas como una manera de apoyar los recursos naturales de resistencia y curación de los individuos, las familias y las comunidades culturales. El equipo facilita los procesos de prevención y reparación terapéutica aportando recursos y competencias profesionales en las áreas médica, psicoterapéutica y de trabajo social. A lo largo de más de 25 años, los profesionales de Exil hemos sido testigos del sufrimiento de los exiliados y sus familias, pero también del desarrollo de sus fuerzas y de su creatividad para superarlo.

El Fondo Houtman de la comunidad francesa de Bélgica nos permitió ampliar nuestro programa al financiar, durante los años 1998 y 1999, una investigación-acción dirigida a reforzar y ampliar nuestras acciones curativas y preventivas hacia los hijos de familias exiliadas. Una de nuestras finalidades principales es el desarrollo de acciones destinadas a promover el buen trato a los niños dando apoyo a los padres.

Esta investigación-acción nos llevó a establecer el concepto «buen trato», relacionándolo con el ejercicio de «una parentalidad sana», aun en situaciones extremas, lo que permitió estudiar la manera en que las experiencias de violencia originadas en el medio ambiente familiar pueden perturbar la función parental. Además, evidenció las fuentes de resistencia y resiliencia que los padres movilizan para preservar a los niños en este tipo de «catástrofes ecológicas de carácter humano». Los relatos de los miembros de las familias y las observaciones de los profesionales nos proporcionaron los fundamentos para proponer iniciativas sociales y terapéuticas capaces de reforzar los recursos de la resiliencia mediante un uso mejor de los recursos existentes en los países de acogida (servicios sociales, escuelas, maternidades, guarderías, servicios destinados a la infancia y organizaciones socioculturales).

Sin duda, uno de los mejores logros de nuestras intervenciones ha sido la creación de una Liga de Familias en el Exilio, una asociación de ayuda mutua donde las madres, en especial, promueven formas de apoyo social y emocional mediante actividades solidarias y de recreo.

Las familias que se beneficiaron de esta investigación-acción fueron setenta. Todas juntas sumaban 121 hijos (61 niñas y 60 niños), la mayoría con edades comprendidas entre los cero y los seis años. Estas familias eran originarias de 36 países, la mayoría procedentes del centro y el sur de África. El resto provenía del norte de África, América Latina y Europa del Este.

Era frecuente que la madre viviera en Bélgica con sus hijos y que el padre estuviera muerto o desaparecido. Por esta razón, hablamos aquí muy a menudo del trabajo realizado con la madre y sus hijos: no se trata de excluir al padre, sino, simplemente, del hecho de que su ausencia se debe al drama de la violencia organizada. Por otra parte, cuando el padre está presente, sus modelos culturales patriarcales les dificultan el acceso voluntario al programa. Actualmente, más de doscientas familias se benefician de él. En lo relativo a la participación de los padres, afortunadamente, la situación comenzó a evolucionar. Gracias a la movilización de las madres y a las iniciativas de los profesionales de Exil, se organizó un segundo programa destinado a los hombres, los cuales, poco a poco, se fueron implicando en las tareas familiares.

Al desarrollarse en la forma de una investigación-acción, el programa nos ha permitido evaluar de manera permanente el impacto que ha ido teniendo cada intervención sobre los niños y sus padres, con lo cual hemos logrado desarrollar nuevas perspectivas. En estos últimos años hemos ido afinando el programa, ampliando el abanico de nuestros espacios de intervención y mejorando nuestras actividades específicas (individuales, de grupo o comunitarias) destinadas a los niños y a sus padres mediante técnicas de terapia a través del juego, los talleres creativos, los grupos de palabra, los campamentos de verano y la Liga de Familias en el Exilio.

Nuestro trabajo en beneficio de los niños víctimas de la violencia organizada ha sido galardonado con el premio Herman Houtman de 2002 en la persona del doctor Jorge Barudy. Dicho premio lo otorga cada dos años el Fondo Herman Houtman, de la comunidad francesa de Bélgica, a la persona que haya desarrollado una acción de larga duración en beneficio de los niños que sufren.

En este libro desarrollamos y ejemplificamos nuestras experiencias, presentando nuestro modelo y el impacto que ha tenido sobre la salud mental de los niños exiliados y sus familias.

24

Dos son las razones que nos han animado a escribir nuestras experiencias:

La primera, hacer comprender como las situaciones de violencia organizada –las guerras, las persecuciones, las represiones de todo tipo, la tortura y el exilio– afectan a los niños, como víctimas directas y también como víctimas indirectas de esa violencia, en la medida en que esas experiencias pueden alterar la función parental. En los casos en los que ya existían problemas y deficiencias en el desempeño de la función parental con anterioridad a las agresiones, observamos muy frecuentemente que aquellos se amplifican, con el riesgo de la aparición o el agravamiento de las situaciones de maltrato infantil.

La segunda, dar a conocer nuestras observaciones sobre las fuentes de resistencia y de resiliencia que las familias movilizan con el fin de preservar a sus hijos cuando se enfrentan a situaciones extremas.

Además de estas dos finalidades, queremos compartir nuestra forma de trabajo describiendo las intervenciones que llevamos a cabo para promover y reparar los recursos de resistencia y resiliencia de la familia, entendida como sistema, y de sus miembros individuales. Por último, deseamos exponer las herramientas terapéuticas que hemos desarrollado para reparar los daños sufridos por los niños y sus padres.

En los dos primeros capítulos presentamos nuestra concepción de los buenos tratos, entendidos como un proceso social capaz de asegurar el bienestar de los niños.

En los siguientes capítulos se hallan las bases teóricas que fundamentan nuestras concepciones sobre el sufrimiento de las familias en el exilio.

Mostramos también cómo la violencia organizada impone desafíos suplementarios a los que se enfrentan los padres que desean asegurar el buen trato a sus hijos.

En el último capítulo, compartimos nuestras experiencias y las conclusiones de nuestra práctica con el doble objetivo de, primero, apoyar a padres e hijos en la tarea de asegurar esos buenos tratos y, segundo, prevenir y actuar precozmente en los casos de maltrato infantil.

Aunque la fuente de nuestras observaciones son las familias exiliadas, no es menos cierto que este libro puede ayudar a entender también el sufrimiento de miles de familias que viven crónicamente en un contexto violento, estresante y, por ende, traumático. Nos referimos, por ejemplo, a las familias que sufren violencia de género o la violencia social e institucional, y a las miles de familias que sobreviven en contextos de pobreza y exclusión social en nuestro planeta.

1
Exilio, refugio y parentalidad: niños y padres agredidos y fragilizados

Nuestros encuentros con las familias exiliadas, especialmente puestas a prueba por la barbarie humana, no cesan de influenciarnos. Influyen en nuestros modelos y prácticas profesionales porque nos permiten conocer en profundidad las capacidades que poseen los seres humanos para sobrevivir resistiendo a la violencia y protegiendo a sus hijos.

Los niños son siempre las víctimas inocentes de la violencia producida por los adultos. Las guerras, las persecuciones –étnicas, religiosas, de género–, los genocidios, no sólo les han producidos traumas diversos y severos, sino que les han obligado a vivir en el exilio, lo que equivale a sufrir una profunda ruptura y a haber perdido sus entornos naturales y habituales.

Pueden venir de Ruanda, Afganistán, Armenia, Somalia, Colombia, Chechenia, Chile u otros lugares; pero todos tienen en común el hecho de pertenecer a comunidades en las que una parte de sus adultos, principalmente hombres, han creado contextos de violencia organizada, una violencia basada en sistemas de creencias que justifican la guerra, la tortura, el encarcelamiento arbitrario, la violación de las mujeres, el uso de los niños como soldados, etcétera.

Muchos de estos niños arrancados de sus infancias y precipitados a un mundo violento e insensato no cesan de maravillarnos por sus capacidades para resistir y seguir creciendo. No obstante, su sufrimiento está siempre ahí, como testimonio invisible de una terrible injusticia. El carácter insoportable de esa injusticia es lo que nos ha estimulado a hacer todo lo posible para crear condiciones terapéuticas con el fin de ayudarles, junto con sus padres, a superar el daño sufrido.

Las familias de los niños que acompañamos nos permiten conocer sus dolores, pero también los recursos que les han permitido seguir con vida. Se trata de hombres, mujeres y niños que han sobrevivido a experiencias de horror casi impensables. Sus testimonios como supervivientes atestiguan muchas veces el encuentro con situaciones mortíferas, pero también el camino que les ha permitido seguir viviendo sin perder su calidad humana.

El estado de sufrimiento y fragilidad de esos niños y sus padres es el resultado de terribles agresiones que les han provocado dolor y un estrés intenso y de larga duración.

No nos referimos tan sólo al dolor físico, sino también, y sobre todo, al dolor psíquico. Es un dolor que se convierte en traumático por el tipo de agresión que lo provoca, así como por su intensidad y su cronicidad.

Por otro lado, el estrés resultante de este tipo de experiencia provoca daños a largo plazo que se manifiestan habitualmente bajo la forma del trastorno de estrés postraumático.

El dolor traumático y el estrés intenso y duradero son los componentes de lo que nosotros llamamos «procesos traumáticos» o «la carrera traumática de las familias».

Hablamos de procesos traumáticos de una familia cada vez que uno o la totalidad de sus miembros es confrontado a un conjunto de sucesos exógenos dolorosos y estresantes. Estos sucesos, producidos por otros seres humanos, agotan los recursos naturales que esas personas y esa familia poseen para controlar el estrés. Además, por su contenido, repetición y duración, agotan los procesos de la persona o la familia para aplacar y elaborar el dolor. Esos procesos traumáticos sitúan a las familias frente a un doble desafío: calmar el dolor de las heridas y darle un sentido a esas experiencias. Cabe destacar que es extremadamente difícil encontrarle un sentido a experiencias tan traumáticas como, por ejemplo, asistir a la masacre de la propia familia, o ser violada, o ver torturar a uno de los tuyos, o incluso ser obligado a torturarle uno mismo.

El núcleo del proceso traumático de las familias es la herida y la ruptura: herida de la envoltura física y psíquica personal, y también ruptura de los lazos familiares, comunitarios y sociales.

Se pueden, pues, descubrir las causas de la fragilización de esas familias en diferentes planos, que frecuentemente se acumulan:

- El impacto de los sucesos violentos, traumáticos para el cuerpo y el psiquismo de cada uno de los miembros de la familia. En los adultos, afectan a sus capacidades para asumir las funciones y los roles parentales que garantizan el buen trato infantil. En los niños, dañan sus capacidades y recursos para seguir desarrollándose y creciendo.
- El impacto de la ruptura de los lazos familiares, comunitarios y sociales, y en particular la pérdida de los apoyos concretos y simbólicos que permiten calmar el dolor de las heridas y elaborar el sufrimiento, dándole un sentido a las experiencias.
- El desafío y la necesidad de sobrevivir en el exilio en un contexto muchas veces desconocido y cada vez más hostil, por la desconfianza, el rechazo, el racismo y la precariedad social y jurídica.

EL DOLOR INVISIBLE DE LOS NIÑOS EXILIADOS

Los padres y los niños que participan en nuestro programa son todos usuarios de los centros Exil de Bruselas y Barcelona. El motivo de nuestro encuentro es siempre el sufrimiento. Un sufrimiento vivido en el cuerpo o en la mente, y que se expresa mediante vías tan numerosas y variadas como lo son los seres humanos.

No existe un «perfil» de «niño exiliado», ni de su familia; no obstante, podemos constatar que la mayoría de ellos han sido protagonistas de procesos altamente traumatizantes. Se puede decir que, durante largos periodos, los niños y sus familias han vivido en una «ecología traumática».

En primer lugar, los niños del exilio son hijos de la guerra, de la violencia de género, de las persecuciones políticas o religiosas, de los conflictos interétnicos: han tenido que enfrentarse a múltiples traumas severos y a repetidas rupturas. Además, han sido testigos de los sucesos trágicos que han afectado a sus familias y a sus comunidades y con frecuencia han sido directamente agredidos. Los responsables de sus sufrimientos son, frecuentemente, adultos de su propia comunidad que, a nivel simbólico, deberían ser fuentes de protección, seguridad y cuidados.

Los niños que acompañamos han sido víctimas de agresiones que, por la gravedad de su contenido, les han provocado graves traumas y, por la duración, se han convertido en verdaderos procesos traumáticos.

A este respecto, Terr (1988) distingue dos tipos de psicotraumas en los niños: el tipo I, que sobreviene tras un episodio traumático único, súbito e imprevisible, y el tipo II, correspondiente a los traumas crónicos y repetidos.

En nuestra población infantil distinguimos dos tipos de trauma, según su origen:

a) Los que son resultado de la violencia contextual y organizada, que muchas veces ha afectado a todos los miembros de la familia.
b) Los que son consecuencia del maltrato intrafamiliar.

Esta distinción nos permite diferenciar los procesos traumáticos extrafamiliares de los procesos traumáticos intrafamiliares.

Utilizamos el concepto de «procesos traumáticos extrafamiliares» para designar aquellos hechos dolorosos y estresantes que han sido producidos por personas ajenas a la familia. Estos hechos se convierten en traumáticos cuando sobrepasan los recursos naturales que poseen los niños, su familia y su entorno social para calmar el dolor y el estrés en un sentido aceptable para su psiquismo. Los hechos violentos vividos por la mayoría de los niños del exilio son un ejemplo de este tipo de sucesos.

Utilizamos, en cambio, el concepto de «procesos traumáticos interpersonales e intrafamiliares» para denominar un conjunto de sucesos muy dolorosos y altamente estresantes para los niños, ya que los agresores son personas significativas para éstos. El ejemplo más dramático es el maltrato intrafamiliar. Esta experiencia implica la terrible paradoja de ser agredido por los propios padres, adultos de quienes el niño espera cuidados y protección. Los malos tratos provocan en los niños no sólo dolor físico y psíquico, sino también una enorme confusión que les impide darle un sentido a esta experiencia: *¿cómo encontrarle un sentido a ser maltratado por aquel de quien uno espera cuidados y cariño y consuelo?* Además, esta violencia parental priva a los hijos de los recursos analgésicos y tranquilizantes que existen de forma natural en las familias sanas, donde son los propios padres los que consuelan, calman y ayudan a sus hijos a darle un sentido a la experiencia traumática y a sobreponerse a ella.

El impacto directo sobre los niños

Los niños a los que acompañamos pueden ser víctimas de uno de los procesos enunciados, o de ambos. Las agresiones resultantes de contextos violentos «hieren» física y psíquicamente al niño. El dolor y el estrés como consecuencia del trauma causado por los sucesos vividos en el país de origen habitan la experiencia del niño, por mucho que se halle, en este momento, en «un país seguro». Tal como hemos señalado, esos niños han sido víctimas de experiencias extremas y repetidas que con frecuencia han durado demasiado tiempo. El conjunto de estos sucesos ha determinado un contexto de rupturas, pérdidas, dolor, estrés y confusión. Los diferentes casos clínicos que describiremos ilustran el contenido de las experiencias vividas por estos niños.

El carácter impensable de esas agresiones implica, para los niños, enormes sufrimientos, que viven en su cuerpo y su psiquis.

Además, el estallido de la red familiar, comunitaria y social provoca la desaparición de la cura natural que constituyen los vínculos, los lazos afectivos y de pertenencia necesarios para calmar los dolores y elaborar los traumas. La pérdida de los adultos significativos o las heridas traumáticas de éstos constituyen graves obstáculos para el ejercicio de la parentalidad. Estos hechos, cuando van acompañados de la desaparición del marco familiar normal y de la desorganización del tejido comunitario, no hacen sino agravar aún más la situación de los niños.

A todo ello se añade todavía otra ruptura: la que va unida al exilio. Aquí ya no se trata de la violencia provocada por los verdugos procedentes de lejanos países, sino de la gran precariedad social en la que esos niños y sus familias están obligados a sobrevivir en países ricos y democráticos como Bélgica o España. Si en sus respectivos países de origen la violencia se expresaba casi siempre de una forma abierta, en los países de acogida, en cambio, es casi invisible: se trata de la violencia de la indiferencia, del doble discurso y la doble moral.

Ese doble discurso invita al niño a asimilar la cultura del país de acogida lo más rápidamente posible a fin de ser «como los demás», pero, al mismo tiempo, le reenvía una imagen negativa de sí mismo, de sus padres y de su cultura de pertenencia, enfrentándoles cotidianamente a la desigualdad y a la injusticia.

En cuanto a la indiferencia, ésta se expresa, entre otras formas, mediante la degradación de las condiciones de acogida, las injusticias en los procedimientos de reconocimiento del estatuto de refugiado y la falta de políticas de protección de los niños exiliados. Son violaciones de los derechos más elementales, como el de ser reconocido y respetado como ser humano o tener acceso a la salud, la educación y el alojamiento. Es evidente que todo ello nos lleva al riesgo de exclusión, marginación y aislamiento social, el cual agrava aún más la situación de los niños.

La desorganización del tejido social y el debilitamiento de la parentalidad

En numerosos casos, huir ha sido la única forma que los padres han tenido de escapar a la guerra, la persecución, la represión y, con frecuencia, la muerte.

A menudo, la violencia de los sucesos y la urgencia de la situación hacen estallar la familia. El niño se enfrenta a la penosa experiencia de dejar tras de sí todo aquello que conformaba su vida diaria, y también, muy frecuentemente, a algunas de las personas más significativas para él: su padre, su hermano, sus abuelos… Marcharse sin poder despedirse, sin tan siquiera saber lo que les puede haber sucedido a sus seres queridos, ni si están vivos o muertos; esto marca desde el principio al niño y también la forma en la que vivirá la huida y abordará el país de acogida.

Como profesionales del Centro Exil, nos encontramos, en nuestra práctica diaria, con sistemas familiares que han sido amputados de una parte de sus miembros y en proceso de búsqueda de un nuevo equilibrio familiar. Es la familia en su conjunto la que se encuentra en una profunda situación de crisis. Esta crisis no debe interpretarse sólo como una consecuencia de los traumas vividos, sino también como la interrupción brutal del contexto de su vida cotidiana. Los niños sufren también la situación de desequilibrio y de cambio de estatus y de rol de sus padres y, al no comprender las razones del cambio, lo viven en un estado de confusión.

Estos reiterados cambios de contexto crean, además, confusiones en lo relativo a las reglas y los códigos que dan sentido a las relaciones interpersonales.

Muchas veces, el niño ha tenido que desarrollar competencias de adulto para poder sobrevivir y ya no sabe cómo volver a ser niño. Sensible a las tensiones que le rodean, y estando él mismo en un estado de sufrimiento postraumático, el niño habla a través de su cuerpo. Aparecen problemas en el sueño y la alimentación, problemas de comportamiento, la enuresis, entre otros.

A veces, es la calle la que ofrece un lugar de integración, tentando al niño a refugiarse en ella. También puede aparecer, de una forma especial, la escuela, que le propone un espacio social donde puede «olvidar» su tragedia y «valorizarse». En ambos casos, se integra de una forma más rápida que sus padres en la «nueva vida» de la sociedad de acogida, especialmente aprendiendo la lengua mucho más fácilmente que ellos.

El peligro de ver crecer entonces la distancia entre padres e hijos aumenta por las respuestas adaptativas del niño para escapar a esta tensión.

Estas catástrofes ecológicas producidas por los adultos inducen verdaderos «procesos traumáticos» de múltiples consecuencias (Barudy, J., 1987). Estos contextos no son sólo fuente de traumas provocados por hechos violentos, sino que constituyen también una acumulación de situaciones de estrés que pueden conducir a la pérdida de las dinámicas del buen trato en el interior de la familia.

El sufrimiento de los niños y el estrés intrafamiliar

La vida de toda familia pasa por momentos de crisis. Éstos son provocados bien por sucesos intrafamiliares –matrimonio, nacimientos, adolescencia, fallecimiento de alguno de los miembros de la familia, etcétera–, bien por sucesos extrafamiliares ligados a cambios en el entorno –un cambio de domicilio, de trabajo, la pérdida de un empleo, la emigración, etcétera–. Estas crisis son normales y necesarias para asegurar la existencia de la familia en tanto que tal. Constituyen, al mismo tiempo, oportunidades de crecimiento y fuentes de tensión y estrés intrafamiliar.

En estos momentos de crisis, la familia entera busca un nuevo equilibrio, precisando toda la energía y la información disponibles en su entorno para encontrarlo.

Cuando la intensidad de las perturbaciones es demasiado grande, se amplifica el riesgo de que el nivel de estrés sobrepase los límites de lo asumible por la familia. Es el caso de las familias que son víctimas de la violencia organizada. La situación de exilio provoca, además, una falta de recursos en la red social circundante, recursos materiales o psicosociales que hubieran permitido un control positivo de la crisis.

La alteración de las prácticas del buen trato y la aparición de malos tratos como consecuencia de una crisis familiar de gran intensidad pueden explicarse por un debilitamiento de los mecanismos naturales de la familia para gestionar el estrés familiar (Cohen y Lazarus, 1982; Meinchenbaum y Turk, 1984). Entendemos por «estrés familiar» la tensión intrafamiliar creada por circunstancias del entorno o propias de la familia que amenazan su bienestar y a veces hasta su propia existencia. La repercusión de estos sucesos depende de dos factores: por una parte, del contenido e intensidad de los sucesos y, por la otra, de los recursos y las capacidades que tiene la familia para hacer frente al estrés. Al mismo tiempo, sabemos que algunos mecanismos son utilizados por las familias con mayor frecuencia que otros para enfrentarse al estrés.

Uno de los mecanismos más útiles para gestionar el estrés es la resolución directa de los problemas que perturban el equilibrio familiar. Los recursos familiares son utilizados para reducir, de la forma más eficaz posible, la causa del malestar. Estos mecanismos se emplean, preferentemente, cuando la situación estresante se percibe como susceptible de ser modificada.

Otra forma sana de hacer frente al estrés es la movilización activa de los miembros de una familia en la búsqueda de información y de apoyo en el tejido social, profesional o no profesional, que la rodea. En este caso, la familia todavía es capaz de gestionar sus problemas pidiendo ayuda. Los miembros del sistema no están aún totalmente agotados, y tienen aún la fuerza y la energía necesarias para pedir ayuda.

Una forma menos eficaz de enfrentarse al estrés consiste en centrarse exclusivamente en el control de las emociones engendradas por los problemas. En este caso, los recursos familiares servirán para regular los estados emocionales y la activación que se deriva de esas emociones. Estos mecanismos se utilizan cuando la situación-problema se percibe como no susceptible de cambio. Las familias en estado de crisis que utilizan esta fórmula son aquellas que no han llegado nunca a aprender los dos primeros modelos, o bien aquellas cuyos recursos están ya sobrepasados. En este último caso, la acumulación de situaciones estresantes lo bastante graves y perdurables en el tiempo aleja cada vez más a estas familias de su equilibrio de base. En estas situaciones, los adultos de las familias reaccionarán agresivamente para anular la causa directa de su nerviosismo y controlar la emoción creada por los problemas.

Los niños, que sufren también esta situación de crisis, pueden presentar problemas de comportamiento y pasar a ser percibidos por sus padres –ya desbordados– como la causa del problema: serán más difíciles, llorarán más fácilmente, no querrán obedecer, situaciones que los padres intentarán controlar, a menudo, de forma violenta e irreflexiva. Todas las condiciones están servidas para que se rompa el equilibrio bientratante, y para que aparezcan los golpes o los gestos y las intenciones maltratantes.

Nuestra experiencia con las familias en el exilio que producen maltrato nos ha enseñado que, al principio de las crisis, los padres aún pueden utilizar los dos primeros mecanismos de gestión del estrés, pero que, a medida que se agotan los recursos, utilizan, en general, el tercer tipo de mecanismo. Incluso en este caso, los padres, y sobre todo las madres, están abiertos a la ayuda que se les ofrece siempre que ésta tenga en cuenta la realidad de sus dificultades. Nosotros solemos entrar en contacto con este tipo de situación ya como consecuencia de una petición de ayuda expresada por algún adulto de la familia o bien como consecuencia de la notificación de un profesional que constata un cambio de comportamiento del niño o riesgo o indicios de malos tratos. En la interacción con nosotros, la madre se presenta como una persona que había podido asegurar el bienestar de todos sus hijos anteriormente. Los padres reconocen fácilmente su sufrimiento, sobre todo si se sienten acogidos y comprendidos. Expresan su preocupación por sus hijos. Están abiertos a recibir ayuda, e incluso la piden ellos mismos. No han perdido su dignidad y pueden ver la diferencia entre su comportamiento en el momento de la crisis y antes, cuando su vida era normal. Asociado a las imágenes positivas que los padres han podido construir de sí mismos, el funcionamiento armonioso, previo a la catástrofe, de estas familias permite a los padres acceder a una crítica de sus actos. Los niños pueden hablar de sus sufrimientos, precisando las circunstancias y sus responsabilidades en la situación; asimismo, las posibilidades de cambio y de modificación de la realidad se instalan rápidamente, y es posible establecer un modo de comunicación favorable.

El verdadero apoyo terapéutico para estas familias que han sido víctimas de la barbarie humana empieza cuando la familia encuentra, en su nuevo entorno, la solidaridad de otros seres humanos, entre otros la de los profesionales de nuestro equipo.

La historia de Mohamed y de su madre nos lo ilustra:

Mohamed, un niño de tres años, tuvo que abandonar junto con su madre su país de origen, Líbano, tras la muerte de su padre, que fue asesinado por un grupo paramilitar que había amenazado de muerte a todos los adultos de la familia. Ahora vivían en un pisito en el extrarradio de Bruselas.

Fue la madre quien solicitó ayuda para ella y para su hijo, como consecuencia de un aumento de la tensión familiar: Mohamed era un niño cada vez más difícil. Su madre ya no podía controlarle, y en sus momentos de impotencia no había logrado contenerse y había pegado a su hijo. Ahora tenía miedo de no poder controlarse y darle una paliza. Antes de abandonar su país de origen, Mohamed vivía con su madre y su padre, rodeado de su familia extensa. Hasta que cumplió los dos años, el niño había llevado una vida apacible y había podido evitar las consecuencias de la guerra gracias a la protección de su familia, en particular la de sus padres. Su vida dio un vuelco cuando su padre fue secuestrado delante de él, después se le dio por desaparecido y, finalmente, se le encontró asesinado varias semanas más tarde. El niño y su madre fueron obligados a abandonar el país y a exiliarse. En esta nueva situación, la célula «madre-hijo» se enfrentó a una profunda crisis; una crisis generada por las actuaciones bárbaras de los asesinos del padre y por las amenazas de muerte lanzadas sobre la madre y su familia en su país de origen, y agravada —como consecuencia del exilio— por la pérdida del apoyo familiar y social de los miembros de su comunidad de pertenencia.

Los recursos personales de la madre estaban agotados por el duelo de su marido y de su red de pertenencia, y ella se hallaba, además, aislada socialmente. Su conocimiento del francés le permitió enterarse rápidamente de la existencia de nuestro programa y recibir el apoyo de nuestros profesionales y de otras madres que se encontraban en una situación similar. Respondiendo a la acumulación de estrés familiar, el niño había reaccionado manifestando problemas de comportamiento que la madre no podía controlar, y así fue como el riesgo de violencia hizo su aparición en la célula «madre-hijo».

Este caso ilustra muchas de las situaciones que hemos acompañado en nuestro programa. Los padres, además de todo el sufrimiento ligado a sus experiencias, pueden hacer daño a sus hijos. Nuestro enfoque se basa en el mantenimiento de los recursos de los padres y nos permite asociarnos a sus esfuerzos para restablecer el buen trato hacia sus hijos.

Una pequeña parte de las familias en el exilio con las que nos encontramos cumple las características de aquellas que hemos denominado «familias crónicamente violentas y abusivas» (Barudy, J., 1987, 1997). Estas familias no son capaces de utilizar ni los modelos de gestión del estrés centrados en la resolución de los problemas ni los modelos centrados en la búsqueda de apoyo en su red social. Su falta de recursos y sus incompetencias les abocan directamente a la represión de los comportamientos de los niños que consideran irritantes.

En estos casos, puede ser imposible que los padres reflexionen en términos de buen trato hacia sus hijos. A veces los niños, que son al fin y al cabo el elemento más vulnerable del sistema, pueden convertirse en los chivos expiatorios de la crisis. Por eso, los adultos pueden considerarles responsables de su tensión y de su estado de nervios. Aunque es verdad que los hijos no son responsables de lo que está sucediendo, sus trastornos de comportamiento –que, como hemos visto anteriormente, son consecuencia de los sucesos traumáticos vividos con anterioridad o del estrés que la familia está viviendo– amplifican la tensión familiar. Puede ocurrir en algunos casos que se les atribuya la responsabilidad del sufrimiento familiar y sean objeto de maltrato.

Encuentro con una familia superviviente

Vamos a abrir aquí una ventana sobre nuestra práctica cotidiana con el relato de una experiencia representativa de nuestro trabajo, tanto por la historia familiar como por el tipo de intervención de apoyo puesta en práctica:

Desde el primer momento, la madre –a la que llamaremos Esperanza– nos cuenta su historia: ha huido de su país como consecuencia de una serie de amenazas y persecuciones que se han desarrollado a lo largo de varios meses y que estaban directamente asociadas a las actividades y el compromiso político de su marido.

Fue golpeada y torturada en su domicilio por miembros de la policía secreta de su país, en el continente africano. Los policías querían obtener información sobre las actividades de su marido y conocer el lugar donde se ocultaba. Su hija mayor, Anabel, que entonces tenía cinco años, fue testigo de los sufrimientos de la madre. Fue también víctima directa de vejaciones, golpeada y quemada con cigarrillos para obligar a su madre a que denunciara al padre.

Luego Esperanza fue encarcelada, siguió siendo torturada y fue víctima de violaciones sistemáticas. Anabel, al igual que su hermanita Adela, permanecieron solas en casa durante varios días hasta que los vecinos, sobreponiéndose a su propio miedo, las acogieron en sus casas.

Cuando fue liberada, la madre estaba embarazada, con la consiguiente angustia ligada a la duda sobre la paternidad de su hijo: no podía saber si su embarazo se debía a las violaciones o si el padre era su esposo, con quien había tenido relaciones sexuales pocos días antes de su detención.

Al salir de la cárcel no pudo volver a ver a su esposo, que había huido y se escondía en un lugar desconocido. Esperanza tomó, pues, el camino del exilio, encinta y con sus dos hijas.

Fue en este estado de sufrimiento y de carencia que llegó a Bélgica y tuvo que afrontar la complejidad de la vida cotidiana de una demandante de asilo político.

Era una madre de familia monoparental enfrentada, sin ningún tipo de apoyo familiar ni social, a trámites administrativos difíciles de comprender. Es cierto que su actual situación le proporcionaba, al menos, un sentimiento de seguridad si la comparaba con los peligros del pasado, pero el funcionamiento social de su nuevo lugar de vida era una nueva fuente de angustia e inseguridad. A menudo se enfrentó al funcionamiento burocrático, a la falta de acogida y a la agresividad de ciertos funcionarios, así como al sentimiento de ser sospechosa de no decir la verdad. A todo ello se añadía su vivencia de ser rechazada por el color de su piel y por su condición de mujer. El conjunto de todas estas experiencias le daba a veces la impresión de vivir la misma pesadilla que había vivido en el pasado.

Hay que recordar que, para toda persona que llega a un país desconocido, todo puede parecer terriblemente complejo y difícil de comprender. Cualquier hecho, incluso los más simples como ir en metro o de compras, puede ser vivido como estresante o incluso peligroso.

Esto nos permite comprender mejor cómo para estas personas, fragilizadas ya por sucesos traumáticos, adaptarse a la situación del exilio puede desencadenar la reviviscencia de la barbarie sufrida en sus países de origen. El mantenimiento de las víctimas en un contexto de vida similar a aquel en el que vivieron las agresiones facilita la cronificación de un *trastorno de estrés postraumático*. Este estado mórbido corresponde a un conjunto de alteraciones que pueden presentar las personas que, como Esperanza, han sido sometidas a situaciones de amenaza vital conducentes a una situación de estrés severo y a graves traumas.

Las manifestaciones de este estado tienen en común un conjunto de síntomas que se articulan alrededor de la repetición traumática de recuerdos y sueños, con imágenes de las situaciones vividas, que desencadenan la angustia en las víctimas, llegando incluso a provocarles verdaderas crisis de pánico. A eso se le añade la hiperactividad neurovegetativa, con efectos como, por ejemplo, las palpitaciones, la sudoración excesiva, etcétera.

Las personas intentan evitar a toda costa los estímulos evocadores de esas experiencias y desarrollan fobias a diferentes situaciones. Por ejemplo, evitan las citas administrativas con funcionarios de los servicios de inmigración; en otros casos no soportan más los llantos o las peleas de sus hijos o desarrollan un conjunto de comportamientos de evitación que parecen raros a las personas de su entorno. Puede darse también un retraimiento de la persona, acompañado de una vivencia, de un cambio, de su manera de ser. A menudo constatamos que estas personas nos expresan que ya no se sienten como antes, que todo lo que han sufrido les ha cambiado profundamente.

Además de todos los problemas descritos, las víctimas pueden manifestar sus sufrimientos a través de un abanico de síntomas inespecíficos: manifestaciones depresivas, problemas de sueño, agresividad y manifestaciones psicosomáticas. Los problemas de memoria, atención y concentración se hallan igualmente presentes en las víctimas de violencias graves.

Puede también presentarse el fenómeno de la «congelación» del pensamiento como una forma de protegerse de las intrusiones dolorosas de los recuerdos del pasado. La persona inhibe así toda posibilidad de que le asalten reminiscencias dolorosas.

Estos problemas también deben ser considerados como una parte de los recursos que la persona desarrolla para hacer frente al dolor físico y psíquico durante las agresiones y al horror que las acompaña. Les permiten protegerse del riesgo de revivir ese terrible horror a través de los recuerdos. La persona está a la vez protegida y prisionera de ese mecanismo, que le priva de sus recursos psíquicos para adaptarse al presente.

A menudo encontramos, por ejemplo, que, a la hora de declarar ante las autoridades de inmigración para obtener su estatuto de refugiado, el relato de estas personas parece incoherente e impreciso. Esto, que es de por sí un indicador de haber sido víctima de traumas en su país de origen, se interpreta muchas veces como una falta de veracidad en la declaración.

Para nosotros, clínicos, la presencia de esos síntomas (aunque pueden aparecer tras un tiempo de latencia variable con posterioridad a los hechos traumáticos) nos permite diagnosticar un trastorno de estrés postraumático, condición mórbida que afecta al 50-80 % de las personas en ciertas poblaciones expuestas a situaciones de violencia organizada.

Nos parece importante insistir en el hecho de que las malas condiciones de acogida y el no reconocimiento del derecho de asilo facilitan la cronificación de estos problemas:

Esperanza, que había encontrado alojamiento de forma provisional en una familia solidaria de su comunidad de origen, se sentía cada vez peor en su nueva situación y finalmente expresó su sufrimiento a una trabajadora social de su zona. Fue esta trabajadora social quien, conocedora de nuestro programa, acompañó a Esperanza al Centro Exil.

En el primer encuentro participaron la madre, la trabajadora social de zona y dos profesionales de nuestro programa: la psicóloga y el trabajador social. La madre nos dijo en aquella ocasión que siempre se había sentido bien tratada por la trabajadora social de su barrio. Su amabilidad y el hecho de que la escuchaba le habían permitido tener la confianza necesaria para expresarle su sufrimiento y pedir ayuda. Ritualizamos la constitución de una red de apoyo alrededor de Esperanza y de su familia, red que –a nivel metafórico– representa a la familia extensa. El núcleo básico de esta nueva «familia» estaba compuesto por todas las personas presentes en aquel primer encuentro, esencialmente mujeres. Más tarde, otras personas se añadieron a esta red de ayuda. Este tipo de intervención corresponde a lo que nosotros llamamos «la reconstrucción del tejido social». Su finalidad es contrarrestar el aislamiento social creando nuevas formas de pertenencia basadas en la solidaridad y la esperanza. La madre nos dijo más tarde, a lo largo del proceso, que tras aquella primera reunión empezó a sentirse mejor, ya que sintió que ya no estaba sola, que formaba parte de una nueva familia, y que eso le devolvió la esperanza.

Sucede a menudo que, al menos al principio, las familias escogen el Centro Exil como el símbolo de un nuevo lugar de pertenencia. Esto nos ha llevado a desarrollar la noción de «tejido social de pertenencia transicional», que desarrollaremos posteriormente.

La primera visita al Centro permitió a Esperanza sentirse acogida e integrada en este espacio de cuidados, hablarnos de sus preocupaciones y de sus dificultades actuales y solicitarnos la supervisión de su caso.

A partir de ahí, se fijaron varias entrevistas y se empezó a organizar una intervención integral para ayudar a la familia.

La trabajadora social acompañó a la madre en diferentes gestiones. Especialmente, le ayudó a conseguir la admisión de sus dos hijas en una escuela adaptada a sus necesidades. Se trata de una escuela cuya dirección y profesorado colaboran con nuestro programa, y que pertenecen a esa parte de la sociedad civil que sigue siendo sensible al sufrimiento y a la injusticia que viven las familias exiliadas en los países europeos.

A pesar de una circular administrativa que insiste en el interés de limitar el número de niños extranjeros por aula, la dirección de la escuela, de acuerdo con profesores y alumnos, decidió acoger a las dos niñas. El alumnado dio su aprobación argumentando que «lo más importante no son las normas, sino estas dos niñas que necesitan ayuda por todas las cosas terribles que han tenido que sufrir».

Esto constituye un bonito ejemplo de resistencia frente a la violencia de la exclusión y el rechazo de las personas. Alumnos y profesores se oponen a esta situación mediante una solidaridad activa en un espacio social que es el propio. Se trata de un espacio relacional caracterizado por el respeto, la empatía, la escucha y el apoyo concreto a las personas. En este caso podemos decir que la actitud de la comunidad escolar fue una resistencia institucional «molecular» sólo por lo pequeña, y no por su eficacia, que fue notable.

Nos parece importante subrayar que esta forma de solidaridad interpersonal y la vinculación afectiva que se crea a raíz de ella son, en sí, una forma de resistencia. Es una forma de oponerse a la cultura dominante, que proviene del modelo de la globalización económica.

Esta cultura está dominada por valores consumistas y de exclusión, o incluso de destrucción de personas y grupos de personas que no se consideran útiles o que se enfrentan a este modelo. Durante los últimos decenios se han ido acumulando los ejemplos del carácter destructivo de este modelo para el conjunto de la humanidad en general y para los habitantes de la zona pobre del planeta en particular. La destrucción de la naturaleza, la guerra, las diferentes formas de violencia organizada, son ejemplos suficientes de ello. El deterioro de la salud mental en los países ricos, y de la salud en general en los países pobres, así como las catástrofes migratorias, están a la vista para demostrar las nefastas consecuencias de este modelo (Manciaux, M., 2000). Vivimos en un mundo dominado cada vez más por el poder del dinero, donde las creencias, los valores y los deseos de las personas están controlados por los grandes grupos económicos.

Retomando la historia de Esperanza y sus hijas, Anabel y Adela pudieron, gracias a la solidaridad de la comunidad escolar, ir a la escuela y encontrar el apoyo afectivo y social necesario para la curación de sus heridas.

Gracias a este tipo de intervenciones, hemos podido descubrir que las experiencias que permiten a los niños reconstruir su confianza en el mundo de los adultos son también una forma de terapia *para curar* los efectos de la violencia organizada. Por otro lado, el hecho de que estas acciones se desarrollen en la «clandestinidad» de las redes solidarias garantiza una parte de su efectividad, ya que funcionan protegidas de la intolerancia, la estupidez y el egoísmo humano.

El acompañamiento social de Esperanza permitió, igualmente, contactar con una asociación que agrupa a propietarios honrados que están dispuestos a alquilar pisos a extranjeros. La familia obtuvo así un alojamiento mejor.

En relación con las gestiones administrativas, tuvimos un rol de mediadores con el fin de apoyar la legítima demanda de esta mujer para que se la reconociera como refugiada. Al igual que sucede en muchos casos, su relato no había sido considerado veraz puesto que tenía problemas de memoria. No había sido capaz de dar ciertos datos precisos sobre sus experiencias durante el periodo de encarcelamiento.

Un médico del centro pudo aportar un informe detallado en el que se explicaba a los magistrados que los síntomas de esta mujer, incluidos los vacíos de memoria, eran compatibles con un trastorno de estrés postraumático y que ese estado era el resultado de una experiencia traumática grave y de larga duración que se correspondía con su relato.

Nuestro centro organiza desde hace más de diez años un servicio de peritajes –el «Medical Examination Group»– que agrupa a los profesionales que realizan los reconocimientos médicos y psicológicos con el fin de permitir a los demandantes de asilo basar su demanda en un certificado médico-psicológico detallado.

En el caso de Esperanza, pasaron largos meses de espera hasta que su demanda fue admitida a trámite. Logró así un permiso de residencia como refugiada política para ella, sus dos hijas y el bebé nacido en Bélgica. Estas gestiones duraron tres años.

El trabajo de reconstrucción psíquico

Simultáneamente a este acompañamiento social, Esperanza y sus dos hijas se beneficiaron de un *acompañamiento psicológico*. La psicoterapeuta propuso primeramente a la madre un espacio diferenciado para ayudarle a superar sus dificultades relacionales con sus hijas, lo cual era una prioridad para esta madre, que temía que los sucesos vividos hubieran dañado a las niñas de por vida. Se sentía culpable de no tener paciencia y de haber perdido muchas veces el control insultando y pegando a las niñas.

Esperanza aceptó desde el principio su espacio terapéutico. Poco a poco se dio permiso a sí misma para poner palabras a su ambivalencia en relación con sus hijas, con sus momentos de desesperación y con su sentimiento de culpabilidad.

Nosotros, por nuestra parte, pusimos en marcha una intervención en la que se pueden distinguir las siguientes actuaciones:

a) *Apoyar el proceso de vinculación entre la madre y el bebé*

La observación de la relación entre la madre y el bebé permitó detectar la existencia de una ambivalencia afectiva con respecto a su hija menor. Esto puede explicarse por el sufrimiento de la madre, así como por las circunstancias de la concepción de la niña. La necesidad de saber si ella era el resultado de una de las múltiples violaciones, o de las últimas relaciones sexuales que había tenido con su marido, perturbaba profundamente a la madre.

Esperanza pudo hacernos partícipes del miedo que le acompañó durante todo su embarazo: que su hija naciera muerta, o que naciera con una discapacidad.

El parto fue muy largo y vivido en la angustia. «He parido con el miedo metido en el cuerpo», nos señaló. No obstante, Delia nació en perfecto estado de salud.

Enseguida se puso a buscar de una forma obsesiva los signos que la pudieran tranquilizar en lo relativo a la paternidad de la niña, especialmente buscando parecidos físicos con sus otras hijas.

De manera paulatina, consiguió controlar su angustia, especialmente gracias al apoyo médico, pero, sobre todo, gracias a sus propias cuentas, que le permitieron convencerse de que estaba ya embarazada de su marido cuando fue violada. Las entrevistas psicológicas le ayudaron a aceptar que sus sentimientos ambivalentes con respecto a esta hija y que su miedo de no ser capaz de amarla eran totalmente legítimos. La terapeuta le ayudó a salir de su culpabilidad reconociendo la responsabilidad de aquellos que habían destrozado su vida violándola. Eran ellos quienes habían introducido la confusión y la duda insoportable sobre la paternidad de su hija. La terapeuta reforzó en la madre el vínculo con su hija, repasando con ella todos los indicadores de la existencia de un apego sano y los indicadores de buen trato.

b) *Apoyar la existencia de espacios diferenciados para la madre y sus hijas*

Al cabo de cierto tiempo, Esperanza empezó a hablarnos de sus dificultades relacionales con su hija mayor Anabel, de seis años. Cabe recordar que esta niña estuvo presente durante el maltrato a su madre y que ella misma había sido agredida por la policía.

Desde el principio, la madre había manifestado su inquietud en relación con ella. La niña presentaba síntomas que llamaron nuestra atención: pesadillas, bajón escolar, dificultades de concentración, inquietud, miedos, agresividad, etcétera.

En un periodo especialmente precario (problemas con la Administración, problemas de alojamiento, importante escasez de dinero), la madre reconoció haber tenido pensamientos violentos con relación a esta hija: se imaginaba dándole una paliza o maltratándola.

En la confianza de la relación terapéutica, admitió haberla maltratado físicamente, golpeándola, y también psicológicamente, al amenazarla con el abandono y acusarla de ser la culpable de todos sus males.

La madre y la niña parecían funcionar «en espejo»: «Cuando estoy nerviosa, ella también lo está; esto me pone todavía más nerviosa, y entonces a duras penas consigo controlarme».

Durante una de las sesiones, la niña nos preguntó: «¿Y yo por qué estoy nerviosa?».

A partir de esta pregunta iniciamos una línea de trabajo de diferenciación entre esta madre y su hija.

Tanto Esperanza como su hija habían sido testigos de la violencia infligida a la otra. El impacto de este tipo de tortura es especialmente demoledor.

Para la niña, esta experiencia la introdujo en un mundo confuso y amenazador en el cual los adultos son peligrosos, violentos, sin límites. En este caso, los agresores eran policías, a quienes se les supone un rol de protección, de representación de la ley.

La madre, por su parte, había sido anulada en su función de protección, de contención psíquica, puesto que ella misma había sido puesta –de cara a su hija– en una situación en la que había sido desbordada por la angustia y el dolor. En este terrible contexto, el sufrimiento de la madre está, desde luego, centuplicado por la presencia de su hija como testigo y como víctima inocente. Los verdugos lo saben perfectamente.

Pudimos constatar un enorme sentimiento de culpabilidad en la madre. También encontramos esta culpabilidad en Anabel, una culpabilidad teñida de rencor hacia aquella madre que había sido incapaz de protegerla y que le había infligido la imagen de su propia destrucción.

La violencia que seguidamente observamos en la relación madrehija la interpretamos como una de las secuelas de este trauma. Cuando se encontraban la una frente a la otra, madre e hija estaban como «atrapadas» por esa violencia, gobernadas por ella.

Lo que provocó la «ruptura de contexto» en este caso fue la misma violencia vivida en el país de origen (la intrusión brutal de los policías, los golpes, la tortura) y el exilio, con todas sus consecuencias (la huida, la pérdida de los puntos de referencia y de los lazos afectivos).

Nuestra intervención consistió en mantener la capacidad de empatía de la madre con respecto a su hija.

Vemos a menudo, en situaciones similares, que la negación del sufrimiento del hijo es una forma de protegerse por parte del padre, que quiere creer que la corta edad del hijo le ha impedido darse cuenta de los trágicos sucesos y que, por lo tanto, no sufre por ello. Constatamos muchas veces que el adulto necesita estar mejor él mismo para poder aceptar y reconocer los signos de sufrimiento del niño.

El acceso al sufrimiento está «congelado» durante las crisis extremas, tanto el acceso del adulto a su propio sufrimiento como el acceso del adulto al sufrimiento del niño. En estas situaciones, las necesidades normales del niño no pueden ser tenidas en cuenta, su forma de expresarse no puede ser entendida, puesto que el adulto esta «desbordado», emocional y psíquicamente, por lo que está padeciendo. Con frecuencia hemos constatado que, en estos momentos, el padre o la madre sienten la presencia y la persona del hijo como un peso difícil de soportar, y llegan a echar la culpa de todos sus males al niño o incluso proyectan sobre él sentimientos totalmente negativos.

Este mecanismo de negación del sufrimiento del niño se acompaña del hecho de que este sufrimiento es frecuentemente invisible (Barudy, J., 1997): el niño sigue comiendo, sigue durmiendo y sigue jugando...

Los padres desean y dicen: «Ha olvidado». Sostener que el niño, aunque sea muy pequeño, tiene una memoria propia de los sucesos provoca muchas veces reacciones de angustia en los padres.

Con el objetivo de «descontaminar» su relación con Anabel, de diferenciar su vivencia de mujer de la de su hija, y así permitirle aceptar que una parte de aquel sufrimiento era común a ambas y otra parte era particular de cada una ellas, le propusimos a Esperanza un espacio terapéutico para expresar su sufrimiento. Ello le permitió aceptar que Anabel también había sufrido y que la violencia que se manifestaba entre ellas estaba íntimamente relacionada con la violencia que habían vivido en común; sin embargo, esa violencia las separaba y las convertía en inaccesibles la una para la otra.

Esperanza logró utilizar el espacio terapéutico para poner en palabras su violencia hacia su hija, evitando pasar al acto.

c) Reintroducir una figura protectora

La ausencia de una figura mediadora y protectora era uno de los factores que desencadenaban las escaladas de violencia y el maltrato en la díada madre-hija.

Frecuentemente, la violencia organizada hace desaparecer la función de mediación o protección, sobre todo cuando uno de los padres ha desaparecido o ha muerto.

Los recursos comunitarios que representan esa función de protección a nivel simbólico quedan también frecuentemente contaminados por la violencia. A veces, incluso, las personas que se supone que deben proteger a los demás son ellas mismas responsables de esa violencia, lo que es peor todavía.

La ley social, representada por la policía, había faltado gravemente a su función protectora de los miembros de aquella familia al agredirla violentamente. Por otro lado, la «comunidad», en tanto que grupo de pertenencia y apoyo a la familia (los compañeros, los vecinos), había perdido esa función, ya que la guerra, la represión y los conflictos interétnicos habían perturbado los vínculos sociales. La solidaridad, sobre todo la que se ejerce entre las mujeres, había dejado de existir.

Por otro lado, la familia extensa materna no pudo asumir su rol protector por la distancia existente: Esperanza había dejado su país de origen al casarse y la pareja había fundado una familia en el país de origen del marido. Esa madre era ya emigrante antes de los sucesos violentos. Por parte de la familia extensa paterna, Esperanza recibió el apoyo del hermano del marido, quien le ayudó a organizar la huida.

d) Recrear la función protectora en la familia

El marido de Esperanza, y padre de sus hijas, era médico. Fue su compromiso como médico de los grupos minoritarios lo que atrajo la represión hacia su familia. Su mujer le describía como un buen padre que se había ocupado bien de sus hijas, particularmente en el rol de «cuidador». La imagen que Esperanza nos trasmitía de la pareja que formaban era positiva. Tras un periodo de militancia, durante el cual intentó proteger a su familia ocultando incluso a su esposa la naturaleza exacta de sus actividades, tuvo que esconderse. Fue en ese momento cuando empezaron a amenazar a Esperanza. El desarrollo posterior de los hechos fue tal que su marido tuvo que huir sin poder siquiera despedirse de su familia, con lo que perdieron definitivamente el contacto con él.

Para las hijas, la desaparición del padre coincidió con el hundimiento de su universo a causa de las amenazas y la violencia de quienes buscaban a su padre.

Vivieron su desaparición como un abandono.

Nuestra actuación se dirigió, entre otras cosas, a introducir una figura protectora «sustituta» en esa familia. En tanto que profesionales, somos testigos del sufrimiento, la injusticia y la violencia, y por eso optamos por ocupar el rol de esa figura que no puede permanecer indiferente, que no puede hacer otra cosa más que comprometerse contra la injusticia sufrida y reconocer la causa violenta del sufrimiento infligido.

En este caso, éramos igualmente testigos directos de la violencia intrafamiliar.

En diferentes espacios de nuestro trabajo, y en particular en el marco de los talleres para niños y durante las actividades residenciales, pudimos observar «en vivo» las interacciones madre-hijas.

Se puso en evidencia que las escaladas de violencia entre Esperanza y su hija mayor estaban relacionadas con las dificultades contextuales vividas por la familia: problemas administrativos, conflictos con el propietario del piso, pérdida de un documento muy importante para su petición de asilo. Fue posible poner palabras a la violencia que nosotros veíamos, a menudo cuando ya había pasado, en particular durante los intercambios informales entre un profesional y la madre. Estos intercambios informales eran «reintroducidos» y trabajados durante la psicoterapia individual con la madre, así como en las sesiones familiares.

Compartimos con Esperanza nuestra hipótesis, según la cual la violencia social y administrativa que ella sufría tenía un impacto directo sobre las interacciones con sus hijas, y especialmente con su hija mayor.

Por su parte, ella nos hizo partícipes de sus esperanzas en relación con Anabel: ésta debía secundarla en su rol de madre, apoyarla, sustituirla cuando debía ausentarse, comprender que no podía comportarse como una niña.

Gracias a la relación de confianza que se había instalado en el seno de los diferentes espacios propuestos, Esperanza pudo aceptar nuestras hipótesis y llamarnos cuando tenía dificultades.

Durante los talleres para niños y en los campamentos de verano actuó como coanimadora: sus cualidades como «educadora» se evidenciaron a través de las interacciones con otros niños. Creemos que esto fue beneficioso para ella, en la medida en que pudo vivirse como «adecuada» y «competente» con ellos.

Quedamos igualmente conmovidos por su capacidad para crear lazos solidarios con otras mujeres. En el «grupo de apoyo» a las madres de niños pequeños, se mostró igualmente muy activa en el apoyo a las otras mujeres, y capaz de escucharlas y de animarlas. Realizó una función dinamizadora en el grupo, haciendo igualmente de intermediaria entre las participantes.

Pudimos reconocer, además, sus capacidades, y ser para ella una fuente de solidaridad.

e) Abrir el acceso a los hijos

Por las diferentes razones que hemos abordado anteriormente (la negación del sufrimiento del niño por parte del adulto, la aparente «normalidad» de las reacciones del niño, la intensidad del impacto del trauma, etcétera), no resulta fácil acceder al sufrimiento del niño.

Esta dificultad se manifiesta porque el sufrimiento del adulto invade todo el espacio y su modo de expresión es diferente al del niño. Esto implica a menudo que su sufrimiento sea más fácilmente oído por el resto de adultos, como los terapeutas y los trabajadores sociales, que por sus padres.

Estamos convencidos de que es esencial aliarse primero con los padres y construir, junto con ellos, nuestra intervención en la familia.

Cuando los padres se encuentran mejor, reencuentran su empatía hacia sus hijos, crean un mejor apego hacia ellos y desarrollan mejores competencias parentales.

No obstante, no podemos esperar a que los padres mejoren para acceder, por fin, al sufrimiento de sus hijos.

La alianza que creamos con los padres desde el inicio del trabajo nos permite ofrecer a sus hijos un apoyo y un espacio de expresión y simbolización.

Vamos a centrarnos ahora en la forma mediante la cual Anabel, su hermana menor Adela y la pequeña Delia asumieron los espacios terapéuticos que les propusimos.

La observación de las dos niñas en el marco de nuestras actividades terapéuticas ofrecidas a los niños nos permitió confirmar nuestras hipótesis sobre el funcionamiento de la fratría: la parentalización de la mayor, que frecuentemente estaba obligada a ocuparse de las más pequeñas, y que estaba muy preocupada por su madre; el hecho de que la segunda se protegiera tras una actitud de retraimiento e inhibición, y que la pequeña, que recibía muy pocos límites estructuradores, estuviera poco estimulada y fuera refrenada en sus intentos de autonomía.

Durante los campamentos de vacaciones para las familias y los talleres para los niños, las dos niñas mayores pudieron vivir experiencias en los grupos de niños de su edad: juegos de pistas, actividades deportivas, talleres creativos, discusiones organizadas sobre temas concretos, etcétera. De forma natural se encontraron en subgrupos diferentes y así pudieron diferenciarse. Al mismo tiempo, la presencia de los demás niños funcionaba como presencia de «terceros» y les permitió acercarse entre ellas.

Su madre estaba bien integrada en el grupo de mujeres, en el seno del cual ocupaba incluso un lugar importante. Su participación en la toma de decisiones y en la organización de las actividades del grupo le permitió descentrarse de sus hijas y dejarlas asumir nuevas actividades y relaciones.

La menor gravitaba siempre a su alrededor, pero con un abanico más amplio de interacciones y estimulaciones a su disposición: la madre, tranquilizada por el grupo, daba mucha más autonomía a Delia. El grupo funcionaba, en efecto, como un marco seguro para todos los niños, pues numerosos miembros del grupo, adultos o niños mayores, compartían la responsabilidad del cuidado.

Este contexto permitió a las hijas reforzar sus lazos con nosotros y nos facilitó numerosas ocasiones para mantener interacciones muy enriquecedoras con ellas.

Por ejemplo, durante una sesión del taller creativo, Anabel, la mayor, se dirigió a la terapeuta:

Anabel: «¿Todavía se ve mi cicatriz?».
Psicóloga: «Yo no veo nada, pero… ¿quizá has guardado una pequeña cicatriz en el corazón?».
Anabel: ¿Sabes…? No he olvidado nada de lo que hicieron. ¡Nunca lo olvidaré! Todavía me dan miedo los policías… ¿Por qué lo hicieron? (…) Cuando sea mayor, no tendré nunca ese oficio, ¡los odio…!».
Psicóloga: «¿Qué te gustaría ser de mayor?».
Anabel: «Quisiera ser médica o azafata».

El tema de la cicatriz nos reenvía al tema de la memoria, a la imposibilidad de olvidar.

Para la madre es aún muy difícil escuchar el sufrimiento de Anabel; no obstante, vemos que la propia Anabel propicia aquí una ocasión para evocar la violencia que ha sufrido. En ese momento, nos pareció oportuno proponerle a Anabel que tuviera su propio espacio para hablar y para simbolizar su sufrimiento en el marco de una terapia individual.

La pregunta «¿Por qué lo hicieron?» es una búsqueda de sentido dirigida a un adulto solidario. Es, sin duda, una muestra de confianza por parte de la niña. Pero ¿cómo se responde a esa pregunta? Como adultos, esta pregunta nos hace aflorar nuestra propia impotencia frente a la violencia y la injusticia, así como nuestra angustia frente a la deshumanización de otros adultos que han sido capaces de agredir de esta forma a niños inocentes a raíz de conflictos de adultos, creados por adultos... Suscita también rabia constatar que el contexto sociopolítico –creado también por adultos– no aporta respuesta ni reparación alguna a muchísimos niños traumatizados por la guerra, el terrorismo y la violencia de los adultos. Y aún se agravan más la injusticia y el sentimiento de rabia cuando las autoridades del país de acogida se niegan a reconocer su condición de víctimas.

La capacidad de Anabel para proyectarse en el futuro es un signo alentador. Escogió una profesión reparadora –la medicina– que era también la de su padre. La otra profesión –azafata– nos lleva quizá a la huida en avión de su país de origen, pero quizá, también, a la huida de su familia, de sus dificultades actuales.

En relación con Adela, hay que decir que a menudo nos ha sorprendido su capacidad para hacerse invisible, para hacerse olvidar.

Esperanza cuenta que, si Adela logró escaparse de los policías, fue porque «era una niñita muy buena, muy tranquila, que no decía nada, que no lloraba nunca...».

Efectivamente, en el momento del allanamiento policial, Adela se encontraba en una habitación más retirada de la casa, y el hecho de que no hiciera ningún ruido probablemente la «protegió».

Nosotros relacionamos su retraimiento con esta forma de inhibición que observamos en la niña.

Esta falta de implicación, ¿no le permite acaso protegerse del entorno, percibiendo a la vez los estímulos a través de una especie de filtro?

Adela es «la que no ha visto nada, ya que ha sabido hacerse invisible». De todas formas, es seguro que sintió la violencia y las amenazas que la familia vivió durante un periodo bastante largo. Escucha a su madre y a su hermana hablar de ciertas cosas, ve a su madre llorar... En estas circunstancias, ¿puede ella permitirse hablar o preguntar?

En este momento, al menos, creemos que no.

Nos es todavía difícil saber si Adela está atascada en ese mecanismo o si se trata más bien de un funcionamiento transitorio, adaptativo.

Pensamos que existe en esta familia una creencia implícita que otorga a cada una su lugar en la familia en relación con su supuesta vivencia del trauma. La madre es quien más sufrió y por ello puede permitirse expresar ese sufrimiento, incluso de forma violenta. Anabel fue testigo del sufrimiento de su madre y tiene como misión apoyarla, incluso absorbiendo una parte de esa violencia; sin embargo, también tiene derecho a expresar su sufrimiento. Adela nada vio y de nada puede quejarse: «no tiene ningún problema». Por último, Delia es «la que no había nacido en aquel momento» y por ello era considerada como una parte de la familia no afectada por el trauma. Como todos los niños nacidos en un país de acogida tras el exilio, suponemos que tiene un función particular, incluso si todavía no sabemos cuál es.

De todas formas, no queremos incurrir en una visión reduccionista limitando a esta familia tan sólo a este tipo de funcionamiento: nuestro trabajo se basa en los recursos que la familia tenía ya en la historia anterior a la tragedia.

f) Reconocer y reforzar los recursos de la familia

Uno de los recursos esenciales que posibilitan nuestro trabajo reside en el hecho clave de que Esperanza jamás justifica su maltrato. Al contrario, siempre nos habla de ello como de algo que la ha hecho sufrir y que la sobrepasaba. Siempre ha estado aliada con nosotros en el objetivo de mejorar sus relaciones con sus hijos y de fortalecerse más para ayudarlos y protegerlos.

Suponemos que el funcionamiento de la familia era suficientemente sano antes del desastre, tanto las relaciones entre marido y mujer como entre padres e hijas.

Creemos igualmente que ella tuvo, a su vez, padres «lo bastante buenos»: Esperanza ha evocado a veces, con nosotros, su infancia feliz, y especialmente los lazos muy cálidos que tenía con su padre, a quien describe como autoritario pero justo.

Además, su capacidad para pedir ayuda, y para relacionarse y confiar en el equipo y en las otras madres, ha facilitado mucho el trabajo con la familia.

Esperanza comparte igualmente con nosotros la creencia según la cual la solidaridad es una respuesta humana a la violencia, y que la vida y el amor son más fuertes que la destrucción y el odio. Ha sido también capaz de movilizarse para apoyar a otras mujeres en dificultades, y ella misma se ha beneficiado de su solidaridad.

Esperanza conocía ya una experiencia de exilio: proviene de una familia multicultural, muchos de cuyos miembros eran emigrantes. Ella misma había dejado su país para seguir a su marido lejos del lugar y de la cultura en la que había crecido. Creemos que ello favoreció sus capacidades de adaptación, sin perder por ello de vista que también pudo fragilizarla.

Además, su origen social, su nivel de formación, su dominio de varias lenguas –entre ellas, el francés– y el hecho de ejercer una profesión facilitó sin duda, en gran medida, su integración en Bélgica.

En lo que se refiere a los recursos de las hijas, nos basamos en las capacidades de verbalización de Anabel, en la relación de confianza que instauró con nosotros y en sus posibilidades de proyectarse hacia el futuro.

Pensamos que su propia violencia es igualmente un signo de su vitalidad y de su deseo de vivir, así como un intento de protegerse de su madre.

Por su parte, Adela es una niña que posee el don de suscitar la simpatía, de inducir en el adulto reacciones de cariño, ganas de ocuparse de ella y de maternizarla. Su actitud de retraimiento es una forma de protegerse de los estímulos demasiado fuertes o de la agresividad.

Proseguimos nuestro camino con la familia, y al escribir estas líneas no podemos evitar imaginarnos a Anabel, Adela y Delia dentro de algunos años: ¿cómo atravesará Anabel la adolescencia? ¿Y Adela? ¿Qué niña será Delia, y qué «contará» más tarde?

Cómo no imaginar también a las madres que serán quizá ellas mismas algún día…

Esta situación nos ha permitido ilustrar las experiencias que otras familias han vivido y presentar los ejes principales de nuestro trabajo.

Sin embargo, debemos destacar la singularidad de cada encuentro con los miembros de estas familias, quienes expresan vivencias diferentes y desarrollan estrategias y mecanismos de defensa y de reconstrucción únicas para cada situación.

2

Buen trato, competencias parentales y bienestar infantil

La capacidad que tienen las personas para cuidarse entre ellas y para ayudarse las unas a las otras para hacer frente a las necesidades personales, creando dinámicas de buenos tratos, es una de las características que definen la identidad del animal humano. Nadie puede negar hoy que una relación afectiva «nutritiva» y establecida lo más precozmente posible resulta vital para el desarrollo de los niños. Una dosis suficiente de amor es tan indispensable como las proteínas, las vitaminas y el aporte calórico para asegurar el desarrollo sano de los niños.

Muchas investigaciones han demostrado que, incluso entre los adultos, la atención mutua de las necesidades proporciona salud y longevidad (Taylor, S.E., 2002).

En este libro queremos demostrar cómo los padres, especialmente las madres, intentan mantener el buen trato hacia sus hijos en contextos y situaciones críticas de violencia organizada y en otros contextos de violencia.

Nuestras experiencias y nuestras observaciones en el seno de los programas que coordinamos, tanto en Bélgica como en España, nos permiten afirmar que son las mujeres quienes poseen más recursos y más coraje a la hora de cuidar a los demás, sobre todo en situaciones extremas. Esto es particularmente cierto cuando se trata de cuidar a los niños y las niñas. Esta afirmación desmiente lo que los modelos sexistas y patriarcales han pasado por alto o han deformado, al desvalorizar esas capacidades femeninas o al explotarlas en provecho de los hombres. La capacidad de cuidar no es, desde luego, exclusiva de las mujeres; no obstante, los hombres presentan dificultades para implicarse en el cuidado de los niños, y con demasiada frecuencia todavía, en vez de apoyar sus esfuerzos, les complican la vida a las mujeres. En nuestro programa, los garantes de los cuidados infantiles son, en una gran mayoría, las madres. Algunos padres participan y demuestran, con ello, que los miembros de su género también pueden serlo, pero en su mayoría están condicionados por el modelo de masculinidad impuesto por la cultura patriarcal. En ese modelo, la identidad social del hombre se sustenta en la lucha por el poder, la competitividad y el dominio de sus semejantes, incluido el de sus mujeres e hijos. Sin embargo, hay que reconocer que, en estos últimos decenios, una minoría de hombres se ha ido abriendo a la emoción y a la ternura y se ha implicado en modelos de pareja más igualitarios. Esos hombres participan cada vez más en los cuidados de los niños, empezando por sus propios hijos. Esto ha sido posible, a nuestro parecer, gracias a la forma en la que las mujeres han llevado adelante sus luchas. Ellas nunca han dejado de ofrecer contextos de cuidado para los suyos, incluidos los hombres, pero al exigir la implicación de éstos en las dinámicas de cuidados mutuos y hacia sus hijos han facilitado que algunos de ellos pierdan el miedo a la ternura y se resistan a los estereotipos culturales.

Por lo tanto, debemos reconocer que, gracias a la lucha de las mujeres, un número –aún demasiado reducido– de hombres se ha comprometido, con una presencia real, en el cuidado y la educación de sus hijos. En estas nuevas expresiones de masculinidad, se empiezan a remodelar de forma constructiva las capacidades de los hombres.

LOS CUIDADOS Y EL BUEN TRATO COMO CAPACIDADES INSTINTIVAS DE LA ESPECIE HUMANA

A pesar que en nuestras prácticas profesionales cotidianas nos dedicamos a atender terapéuticamente a las víctimas de la violencia humana, pertenecemos a la comunidad de pensadores y científicos que mantienen y argumentan que la característica fundamental del animal humano no es la violencia, sino el altruismo y el amor (Fromm, E., 1987; Maturana, H., 1990; Barudy, J., 1997; Taylor, S.E., 2002).

Ha sido nuestro trabajo para contrarrestar los daños provocados por la violencia y reflexionar sobre su prevención lo que nos ha lleva-

do a interesarnos por los factores y los contextos que permiten y favorecen la emergencia de dinámicas de buen trato y no violencia.

Nuestras experiencias y reflexiones nos indican que ser bien tratado es una de las necesidades esenciales de los seres humanos, y que
ser cuidado por alguien y cuidar de alguien es una capacidad que podemos considerar como «instintiva». Nuestras experiencias con supervivientes de guerras, de genocidios, de diferentes formas de represión,
así como de situaciones de violencia intrafamiliar, nos han enseñado
que la respuesta humana al sufrimiento y al estrés se caracteriza también por la búsqueda de relaciones de ayuda mutua con otras y otros
que hayan pasado o estén pasando por una situación similar para ofrecer y recibir cuidados.

El cuidado mutuo y el buen trato son tareas humanas de vital importancia que modelan y determinan la salud y el carácter de los niños, así como también el tipo de adultos en que se convertirán.

Esto es más importante aún en los periodos de crisis, en los que la
acumulación de estrés y de sufrimiento convierten los buenos tratos
en algo todavía más necesario para prevenir la aparición de las enfer-
medades mentales.

Nuestras experiencias como terapeutas nos han enseñado que
nuestra capacidad para proporcionar cuidados es uno de los ingre-
dientes principales de la recuperación de las víctimas de la violencia.
Nuestras capacidades para transmitirles nuestro interés por ellas, en
tanto que personas, son una herramienta fundamental de nuestro trabajo.

El hecho de sentirse cuidado en un clima de compromiso y respeto
incondicional por sus experiencias y, sobre todo, por sus esfuerzos para reconstruirse, facilita la aparición de la esperanza y de la dignidad
humana. Cuando las víctimas de la violencia no son reconocidas como
tales y no reciben los cuidados adecuados, se sienten nuevamente vic-
timizadas. Esto ocurre cuando las víctimas son maltratadas, activa o
pasivamente, por los profesionales que tienen la responsabilidad de
ayudarlas.

Las investigaciones sobre el cerebro y el sistema nervioso central
nos demuestran la existencia de redes neurológicas que permiten a los
seres humanos participar en dinámicas de cuidados. Existen circuitos
que se activan en el momento de pedir cuidados y otros en el momento de proporcionarlos (Adolphs, R., 1999; Brothers, L., 1989), del mis-

mo modo que nuestros circuitos biológicos se activan para regular nuestras emociones, excitarnos sexualmente o alimentarnos. Por otro lado, existe suficiente material científico para demostrar que el desarrollo cerebral y del sistema nervioso depende de los cuidados y del buen trato que cada persona ha recibido durante la infancia y recibe en la edad adulta (Bell, D. C., 2001).

La evolución ha permitido que la especie humana posea el cerebro mayor y más complejo de todas las especies. Nuestro cerebro nos permite afrontar los múltiples desafíos de la existencia. Su plasticidad le permite planificar, tomar decisiones y elegir –entre múltiples posibilidades– las respuestas más adecuadas para hacer frente a los desafíos de la adaptación a nuestro entorno. El cerebro humano es el responsable de las capacidades que poseemos para crear contextos colectivos de cuidados y buenos tratos para favorecer la protección de la especie. Él nos permite crear numerosas conexiones, tanto internas –para asegurar el funcionamiento de nuestro cuerpo– como externas –para relacionarnos con otros organismos–. Entre estas últimas, las más importantes son las que nos permiten vincularnos con miembros de nuestra misma especie, posibilitando fenómenos tan fundamentales para el mantenimiento de la especie como la reproducción, los cuidados, la protección y la educación de los niños y las niñas. De las relaciones con otros seres vivos, ya sean vegetales o animales, nacen el amor y el respeto por la naturaleza y los esfuerzos para protegerla.

Además, gracias a nuestro cerebro, somos la especie que tiene la mayor cantidad de recursos biológicos, lo que nos permite ser los animales más flexibles de la Tierra. Ello explica por qué hemos sido capaces de seguir vivos a lo largo del tiempo y de evolucionar positivamente en muchos aspectos. Ello nos permite mantener la esperanza en nuestra capacidad para producir los comportamientos necesarios con el fin de cuidarnos mejor mutuamente. Nuestra plasticidad cerebral nos permite, entre otras cosas, desarrollar múltiples papeles y funciones. Esta afirmación nos señala una evidencia: ambos géneros poseen la capacidad de proporcionar cuidados y buenos tratos. Si somos capaces de modificar los condicionantes de la ideología patriarcal, las mujeres podrán asumir roles asignados a los hombres, de la misma manera que éstos podrán adoptar los roles asignados a las mujeres.

Además, nuestro cerebro nos proporciona una capacidad que los otros animales no poseen: el lenguaje simbólico. Esta capacidad amplía nuestros recursos para la adaptación y nuestras posibilidades de construir un mundo mejor para todos. Desgraciadamente, este mismo atributo es el responsable de la producción de creencias que hacen pervivir los diferentes tipos de violencia y malos tratos. Somos los animales más destructivos y violentos de todo el planeta. Somos los únicos capaces de matar a nuestros semejantes únicamente sobre la base de nuestras creencias y representaciones mentales.

Somos igualmente capaces, lo cual es peor todavía, de producir «creencias» para falsear la realidad de los abusos de poder, el maltrato y otras formas de violencia (Barudy, J., 1998). En este sentido afirmamos, junto con otros autores, que la cultura posmoderna, como resultado del modelo de globalización neoliberal dominante en el momento actual, es una cultura que favorece la emergencia de diferentes tipos de violencias y malos tratos (Lemay, M., 1998; Cyrulnik, B., 2003; Manciaux, M., 2000). La alienación del individualismo consumista presente en los países ricos del planeta y la explotación de la fuerza de trabajo en los países más pobres son el resultado de las ansias de poder y de dinero de los poderosos del planeta. Este contexto es el responsable de las guerras, las catástrofes ecológicas, el hambre y la miseria que obliga a millares de personas a una inmigración forzada para salvar sus vidas. Estos seres humanos que emigran (mujeres, hombres, niños, ancianos) son actualmente, y cada vez más, rechazados por los gobiernos de los países ricos, que se vuelven hostiles con estas poblaciones de cuya situación son responsables por sus acciones o por su omisión de apoyos y recursos para establecer una mayor equidad en el mundo. La propagación del pensamiento único y la sacralización de la estupidez humana transmitida por los medios de comunicación son algunas de las formas más sibilinas del maltrato social. Actúan directamente como un molde destructor de las capacidades de la población para pensar y reflexionar en términos de solidaridad y cuidados mutuos. La globalización de los programas de «televisión basura» que celebran y propugnan la transformación de las contingencias y dificultades de la vida de las personas en productos de mercado, despertando juicios y emociones sensacionalistas en el público, es uno de tantos ejemplos de la manipulación del pensamiento con fines mercantilistas.

Una visión alternativa de la naturaleza humana: lo que la humanidad debe a las mujeres

En muchos sectores prevalece todavía la idea de que la naturaleza humana es esencialmente egoísta y que los instintos que dominan la experiencia humana son la agresividad y el sexo. En el campo de la psicología, esta representación emerge y es defendida todavía por muchos pensadores de la corriente psicoanalítica, discípulos de Sigmund Freud (Freud, S., 1954). Dentro de esta concepción, el ser humano colabora en el cuidado de los otros tan sólo si ve un beneficio para sí mismo a corto o largo plazo. De forma voluntaria algunas veces, y otras por inadvertencia quizá, esta perspectiva ha sido forjada y mantenida por investigadores masculinos que se han basado frecuentemente en el estudio exclusivo del comportamiento y la experiencia masculinas. Al considerar estas teorías, tenemos la impresión repetitiva de que sus autores –hombres– han olvidado total y absolutamente las prácticas de las mujeres, o bien que no han realizado esfuerzo alguno para conocerlas. Centrándose ciegamente en los aspectos egoístas y agresivos del comportamiento masculino, han dejado de lado las capacidades de ofrecer vínculos afectivos y cuidados, capacidades presentes sobre todo en las mujeres, pero también en muchos hombres.

Si nos fijamos, en cambio, en los comportamientos de las mujeres cuando buscamos nuevas vías para entender la naturaleza humana, nos encontramos ante un formidable conjunto de comportamientos altruistas, el más significativo de los cuales es el de procurar cuidados a hijos e hijas.

Las prácticas de cuidados son activadas por la existencia de necesidades o signos de amenazas existentes en el entorno, y se mantienen gracias al apego y a los lazos afectivos que se crean. Estas prácticas se mantienen porque compartimos una biología común, y tienen una importancia vital en los contextos de estrés. Son respuestas cuya función es regular o modular los cambios fisiológicos y neuroendocrinos que aparecen como resultado de las amenazas y las agresiones. Esto es especialmente evidente en la interacción de las madres con sus bebés, pero se mantiene a lo largo de toda la vida.

Cuando revisamos la experiencia de las mujeres a lo largo de la historia, constatamos que la atención a las necesidades de los demás y los cuidados que les proporcionan son componentes esenciales para la evolución y la conservación de la especie humana. Esta capacidad está, sin duda alguna, íntimamente ligada a nuestros genes.

El instinto de dar y cuidar es tan tenaz como el de otras funciones indispensables para la vida.

No es el egoísmo lo que origina la capacidad para ocuparse y cuidar a los demás, como afirman ciertas teorías que, de manera interesada, preconizan el carácter natural del egoísmo humano. Las ideologías autoritarias o sexistas han forjado una serie de explicaciones interesadas para relacionar esta capacidad con el egoísmo, y es verdad que ciertos comportamientos humanos proporcionan argumentos para justificarlo. No obstante, hay investigaciones que permiten afirmar que cuidar a los demás y ocuparse de ellos es tan natural y posee tanta base biológica como buscar comida o dormir. Los orígenes de esta capacidad siguen presentes en lo más profundo de nuestra naturaleza social.

Los arqueólogos han descrito restos de esqueletos de seres primitivos con alteraciones congénitas o cicatrices de huesos rotos y que, sin embargo, sobrevivieron. ¿Acaso hubiera sido posible sin la intervención y los cuidados proporcionados por otro ser humano? Teniendo en cuenta que la caza y las expediciones eran imprescindibles para la supervivencia, las heridas debían ser frecuentes, y para que los heridos sobrevivieran alguien tenía que alimentarlos, cuidarlos y protegerlos mientras se recuperaban (Shelley, E. T., 2002).

Las pruebas de la existencia de estos gestos altruistas en la historia de la humanidad son aplastantes, al igual que su presencia en la vida cotidiana de todos nosotros.

El hecho de afirmar que somos fundamentalmente una especie afectuosa y que cuida es nuestra manera de contribuir al largo y difícil camino hacia la eliminación de las ideologías restrictivas y la recuperación de lo humano. Queremos contribuir a los modelos de representación que ponen de relieve las capacidades y las competencias de los hombres, y sobre todo, de las mujeres, para producir, proteger y reproducir la vida. Es el conjunto de sentimientos, comportamientos y representaciones que constituyen la realidad del amor lo que permite la existencia del fenómeno del buen trato y, también, de la capacidad para dar y recibir cuidados.

Hoy en día, cuando la vida familiar existe y es sana, y cuando la vida comunitaria es enriquecedora y reconfortante, se dan todas las condiciones para el bienestar y la salud. Diferentes investigaciones confirman lo que cada uno de nosotros sabemos por nuestra propia experiencia: que los cuidados mutuos, la compañía y la solidaridad nos permiten disfrutar de una vida más feliz, más sana y más larga también. La explicación reside en el hecho de que nuestra vida en grupo nos proporciona recursos que estimulan el desarrollo personal y que, además, nos da apoyo social para regular el estrés y aliviar los sufrimientos inherentes al desafío de vivir.

Paradójicamente, es evidente que los diferentes tipos de violencia –cuyas consecuencias mórbidas intentamos curar– se producen en la familia o en los grupos de pertenencia.

En nuestro enfoque terapéutico, favorecemos la reconstrucción de los recursos familiares y comunitarios para reencontrar las dinámicas de cuidados que son necesarias para que las víctimas de la violencia puedan sobreponerse a las experiencias traumáticas vividas.

Las bases biológicas del buen trato y de los cuidados mutuos

La biología nos facilita la información suficiente para considerar que una de las finalidades del cuerpo humano, y especialmente del cerebro, es cuidar y tratar bien a los demás. Esto no se produce de una forma indiscriminada, sino atrayendo, cuidando y alimentando las relaciones con otras personas significativas a lo largo de nuestra vida. De estas capacidades nacen fenómenos esencialmente humanos, tales como la amistad, el amor, la parentalidad, las relaciones conyugales y la familiaridad.

Empezando en el momento de su concepción y acabando en su vejez, ningún ser humano puede sobrevivir sin los cuidados de otro ser humano. La salud, física y sobre todo mental, depende del buen o mal trato que recibimos a lo largo de nuestra existencia. Nuestro carácter y nuestra salud dependen de las personas que nos han cuidado y nos cuidan y de la forma en que nos tratan: nuestros padres y madres, nuestros cónyuges, nuestros hermanos y hermanas, nuestros amigos y amigas. Estas relaciones humanas son más que meras convenciones sociales y, como muchos autores han demostrado, son factores que influencian nuestra biología a lo largo de toda nuestra vida, a la vez que las relaciones humanas son influenciadas por la vida (Maturana, H., 1990; Cyrulnik, B., 1989, 1993, 2001; Varela, F., 1996).

Las relaciones humanas son tan importantes que pueden favorecer o dañar la salud de cualquier persona.

Algunos investigadores han puesto en evidencia cuáles son las hormonas responsables de la naturaleza de las relaciones interpersonales madre-hijo, de las relaciones de amistad y ayuda mutua en un grupo social y de las relaciones entre hombres y mujeres en situaciones concretas. Se trata de la oxitocina, la vasopresina y los péptidos opiáceos endógenos, que aparecen una y otra vez en las mediciones hormonales. Estas hormonas, presentes en diferentes relaciones sociales, forman parte de lo que los neurólogos llaman «el circuito neurológico asociativo». Estos circuitos constituyen una estructura compleja de conexiones bioquímicas en las que participan de una forma diferenciada estas hormonas determinando muchos aspectos del comportamiento social. Por ejemplo, determinan la capacidad de participar en ciertas relaciones interpersonales, e incluso la intensidad y el contenido emocional que éstas puedan adquirir (Pankseep, 1998; Carter y col. 1999).

Estos circuitos se expresan en la vivencia de todo individuo como sentimientos de apego. Estos sentimientos van desde el intenso vínculo que una madre siente por sus hijos hasta los lazos tan fuertes que se pueden establecer con personas extrañas.

Es muy probable que las respuestas de los seres humanos ante las situaciones amenazantes hayan ido evolucionado a lo largo de millones de años. Las respuestas del organismo humano a las amenazas, reales o imaginarias, se conocen como «respuestas de estrés». Las respuestas al estrés pueden entenderse como mecanismos de adaptación frente a situaciones que desafían el equilibrio del organismo. Las condiciones de amenaza conducen a una distribución de los recursos y de las energías corporales presentes en un estado de equilibrio normal: todo el cuerpo se dispone para enfrentarse a los desafíos amenazantes (Cannon, 1932; Selye, 1956). Las respuestas comportamentales a la situación de estrés son la lucha o la huida, pero también lo son los comportamientos de ayuda mutua y de apoyo social.

Este último modelo de reacción frente al estrés es sobre todo femenino (Taylor, S., 1999). Los signos de peligro, real o potencial, desencadenan más frecuentemente en las mujeres señales para unir sus fuerzas y ayudarse entre ellas.

Es evidente que las experiencias de las madres y las mujeres refugiadas que atendemos en nuestro programa han desencadenado y desencadenan múltiples respuestas al estrés como resultado de las situaciones de violencia organizada existentes en sus países de origen y de las dificultades que sufren por las malas condiciones de acogida que encuentran en los países europeos.

En las situaciones de amenaza y de peligro, sustancias químicas conocidas, como la adrenalina y la noradrenalina, inundan el cuerpo y lo predisponen para entrar en acción, ya sea para enfrentarse luchando contra lo que lo amenaza o para huir de la situación amenazante. Estas sustancias están en el origen biológico de la respuesta de lucha o de huida, que los científicos denominan «activación simpática». Gracias a la activación simpática experimentamos un estado de alerta y de excitación cuyas manifestaciones más relevantes son fisiológicas: se acelera el ritmo cardíaco y aumenta la tensión arterial, con el fin de enviar sangre a los órganos vitales y a los órganos que participan en las respuestas de huida o lucha; la regulación térmica provocada por la acción conlleva sudoración, y se presenta un ligero temblor de manos como resultado de la excitación generalizada.

El segundo sistema de respuesta al estrés está constituido por el sistema hipotalámico-hipofiso-suprarrenal. Su respuesta no se siente de una forma tan clara como en la excitación simpática. Este sistema es responsable de las emociones que acompañan a las reacciones del sistema simpático: el miedo, la sensación de preocupación angustiante y el sentimiento de amenaza. Cuando las amenazas activan este sistema, las hormonas liberadas ayudan a frenar las actividades corporales no esenciales en beneficio de aquellas que favorecen las repuestas adecuadas y eficaces frente a las causas del estrés. Un ejemplo de este tipo de repuestas es, por ejemplo, la lucidez mental que presenta una persona sometida a un ataque de un predador o de una persona violenta.

Los hombres y las mujeres experimentan este fenómeno de la misma forma desde el punto de vista biológico. Pero en el aspecto social se han enfrentado a lo largo de la evolución, y se enfrentan hoy en día, a desafíos muy diferentes.

Las hembras de cualquier especie de mamíferos, incluida la especie humana, han sido las principales proveedoras de cuidados de la progenie. Aunque la ideología patriarcal nunca lo ha reconocido, debemos en gran medida a las mujeres la conservación de la especie humana. La conservación de una especie no se debe solamente a la capacidad para responder a los desafíos del medio ambiente; depende también de las capacidades de cada especie para cuidar y proteger a sus crías, asegurando así la transmisión de los genes.

Esto nos lleva a defender la idea de que la protección y el cuidado de los hijos también puede ser una respuesta a factores estresantes. Si en el alba de la humanidad todas las madres hubieran reaccionado huyendo y abandonando a sus hijos ante la amenaza de los depredadores, las posibilidades de sobrevivir de las criaturas habrían sido mínimas. Esto no fue así en la mayoría de los casos, por lo que podemos postular que las respuestas de las madres frente al peligro no sólo han sido huir y atacar, sino también, muy probablemente, asegurar la protección y el cuidado de sus bebés, favoreciendo la supervivencia de éstos.

Nuestra práctica terapéutica con mujeres de diferentes lugares del mundo, pero que tienen en común el hecho de ser supervivientes de guerras, genocidios o persecuciones por razones étnicas, de género, religiosas o políticas nos ha confirmado la singularidad de las respuestas femeninas a las situaciones de amenaza vital y de estrés. En nuestros programas para promover y mantener el buen trato infantil, más del 95% de los participantes adultos son madres. A través del testimonio de estas mujeres y de la observación de la forma en que manejan el sufrimiento y el estrés, hemos podido distinguir la especificidad de sus respuestas.

Ellas nos han permitido comprobar que frente al peligro las mujeres en general, y las madres en particular, lo primero que intentan es proteger a su descendencia solicitando, si es necesario y posible, auxilio y apoyo a los demás. En lugar de huir o atacar para salvarse ellas, su prioridad es cuidar y proteger a sus hijas e hijos mediante comportamientos altruistas, tales como protegerles con sus cuerpos, renunciar a lo poco de comida que han podido conseguir, esconderlos o llevarlos en brazos por largos periodos a pesar de la fatiga, el hambre y la sed.

Resulta así evidente, para nosotros, que los cuidados y el buen trato pueden facilitar la reparación de los daños provocados por situaciones extremas y facilitar las respuestas más adecuadas a las situaciones de estrés.

Cuando las personas crean vínculos afectivos y participan en relaciones sociales nutritivas, tienen una mayor capacidad de controlar sus respuestas al estrés y al sufrimiento disminuyendo la sensación de amenaza y de dolor. El contacto enriquecedor con los padres en la primera infancia, el apoyo social durante los periodos de tensión, la amistad y una cálida relación de pareja son factores que previenen la cronificación del estrés y protegen contra los problemas psicológicos y de la salud mental.

La importancia del apoyo social y afectivo es mucho más relevante de lo que a veces se quiere creer. Como se verá más adelante, el restablecimiento de las dinámicas de apoyo social y de buen trato en el interior de las familias tras sucesos violentos puede proteger a los niños de los traumas o, como mínimo, facilitar su curación. Ello explica que nuestro programa se apoye en «el valor terapéutico de la solidaridad».

BUEN TRATO, SALUD Y BIENESTAR INFANTIL

En otras publicaciones hemos propuesto un modelo teórico para explicar el fenómeno del buen trato infantil (Barudy, J., 2005). En este libro insistiremos en los puntos más relevantes de este modelo para hacer que los lectores comprendan más fácilmente el sentido de nuestro programa de apoyo a la parentalidad bientratante en situaciones de crisis, como las provocadas por la guerra y el exilio.

Queremos insistir en que el buen trato a los niños y las niñas ha de ser el objetivo fundamental de los adultos de una familia, y también de toda la comunidad. Ésta es la forma más segura y eficaz de garantizar la salud y el bienestar físico, psicológico y social de todos los niños y niñas.

El bienestar de los niños y las niñas que aparece como resultado de los buenos tratos es la consecuencia de un proceso social complejo, en el que intervienen cuatro factores:

a) Los recursos y las capacidades de las madres y de los padres.
b) Las necesidades de los niños y las niñas.
c) Las fuentes de resiliencia de todas las personas implicadas en el proceso.
d) Los recursos comunitarios.

De una manera general, los buenos tratos infantiles son el resultado de las competencias que las madres y los padres tienen para responder a las necesidades del niño, y también de los recursos que la comunidad ofrece a las familias para apoyar esta tarea. Bajo esta óptica, los buenos tratos a un niño o a una niña no son nunca un regalo o una casualidad producto de la suerte. Al contrario, son una producción humana, nunca puramente individual ni únicamente familiar, sino el resultado del esfuerzo del conjunto de una sociedad.

Las capacidades que los padres y las madres poseen son el resultado de las experiencias de cuidado que tuvieron en su infancia. Las experiencias positivas con sus propios padres en su infancia son la principal fuente de los recursos que poseen para tratar bien a sus hijos e hijas en el presente. Eso explica que un gran número de padres y madres puedan incluso cumplir su papel en situaciones tan difíciles como los contextos de pobreza, los periodos de conflictos bélicos o el exilio. Esto se facilita si encuentran en su medio familiar y social abundantes fuentes de apoyo social. Por otra parte, las características singulares de cada hijo orientan sus necesidades y marcan la relación con sus padres, influenciando a su vez el proceso en su conjunto.

Desde nuestros primeros escritos, hemos insistido acerca de la responsabilidad colectiva que se encuentra en el origen de los malos tratos infantiles (Barudy, J., 1987). Queremos hacer lo mismo en lo que se refiere a la génesis de los buenos tratos.

Nuestro modelo de buen trato intenta poner el acento en los recursos y las competencias de las madres y de los padres, más allá de los fallos y las carencias de una familia, aunque insistiendo en que, cualquiera que sean las circunstancias de una familia, los buenos tratos son un derecho fundamental de los niños y las niñas y un deber de la sociedad adulta. Los buenos tratos deben basarse siempre en el respeto del niño y de la niña como sujetos con sus propios derechos y necesidades. Esta visión nos parece especialmente importante cuando nos enfrentamos a culturas diferentes de las nuestras, es decir, frente a normas, costumbres y representaciones diferentes de la educación y el bienestar del niño.

En nuestro modelo, los cuatro elementos que componen los procesos sociales de donde emergen los buenos tratos se relacionan dinámicamente entre sí: de esta manera, cuando las necesidades del niño o la niña aumentan o se modifican, las competencias parentales y los recursos comunitarios deben adaptarse a ellas para responder a esos cambios. Por ejemplo, cuando las perturbaciones que afectan a los niños, como las desigualdades sociales o las situaciones de malos tratos en la familia, tienen como consecuencia el aumento o la creación de nuevas necesidades, se hace fundamental aportar recursos sociales, educativos y terapéuticos a los niños y las niñas para reparar el daño causado por estas situaciones.

LOS DIFERENTES COMPONENTES DE LOS BUENOS TRATOS INFANTILES

a) Los recursos parentales o marentales*

La función parental tiene un papel fundamental en la conservación de la especie humana, en la medida en que asegura los cuidados, la protección y la socialización de los descendientes. Para poder cumplir esta función se requiere, por un lado, disponer de las competencias adecuadas y, por otro lado, que el entorno humano sea nutritivo. El concepto de «competencias parentales o marentales» es una forma semántica de referirse a las capacidades prácticas de las que disponen las madres y los padres para ocuparse de sus hijos.

Las competencias parentales forman parte de lo que hemos llamado la *parentalidad social* para diferenciarla de la *parentalidad biológica*, que es la capacidad de procrear o dar la vida a un hijo o a una hija.

La mayoría de las madres y los padres puede asumir la totalidad de la parentalidad social como una continuidad de la parentalidad biológica. Esta situación permite a los hijos ser cuidados, educados y protegidos por las personas que los han engendrado. Sin embargo, ello no es posible para una parte de los niños y las niñas cuyos progenitores no han podido desarrollar sus capacidades parentales o las han visto alteradas por un conjunto de situaciones traumáticas que describiremos a continuación. Uno de los objetivos de nuestro programa es apoyar la parentalidad o, mejor dicho, «la marentalidad» de las madres que viven en una situación de migración y, en particular, de exilio, promoviendo dinámicas sociales de apoyo a los buenos tratos de sus hijos e hijas. Tanto el conjunto de las madres como los profesionales de

---

* En este libro se usará la palabra *parental* o *marental* para significar las funciones que las madres y los padres tienen que cumplir para asegurar el desarrollo sano de sus hijos e hijas. Hablar de marentalidad implica reconocer con una palabra que, en general, esta función la realizan las madres.

nuestro equipo forman una red social encaminada a producir las acciones necesarias para asegurar los cuidados y los buenos tratos a los niños y las niñas. Podemos hablar de una forma de «marentalidad comunitaria o tribal».

El origen y los componentes de la parentalidad

La adquisición de las competencias parentales es el resultado de procesos complejos en los que se mezclan las capacidades innatas de los padres y los procesos de aprendizaje en la familia de origen, todo ello ampliamente influenciado por la cultura. Las experiencias de buen trato que los futuros padres hayan conocido –o no– en su historia personal, especialmente en la infancia y la adolescencia, tendrán un papel fundamental. Si los adultos han conocido una parentalidad insuficiente o destructiva en sus familias de origen, les resultará más difícil ocuparse de sus hijos, sobre todo teniendo en cuenta que la mayoría de estas madres o padres no fueron ni protegidos ni ayudados por el sistema social cuando eran niños.

El desafío de ser madre o padre es doble: por un lado, hay que responder a las múltiples necesidades de los hijos (alimento, cuidados corporales, necesidades afectivas y cognitivas, etcétera); por otro lado, hay que tener la plasticidad suficiente para modificar las respuestas a medida que los hijos van creciendo, pues sus necesidades también cambian con la edad. Así, por ejemplo, no es lo mismo cuidar y educar a un bebé que educar a un adolescente.

En situaciones de normalidad, el crecimiento de los hijos obligará a los padres a movilizar todos sus recursos y su creatividad para responder a las nuevas necesidades de aquéllos. Cuando el entorno social se torna peligroso o carencial, como en las situaciones de persecución, guerra o migración, el esfuerzo será mayor. Las madres y los padres deben disponer de enormes capacidades y recursos para brindar protección a sus hijos y responder a sus necesidades. En estas situaciones extremas, las fuentes de apoyo que puedan encontrar en su entorno social son fundamentales. Por otra parte, muchas madres se ven obligadas a hacer cosas por sus hijos e hijas que pueden parecer anormales desde el punto de vista de quien nunca ha vivido situaciones similares. Así, por ejemplo, el acompañamiento de madres e hijos que han sobrevivido a experiencias genocidas en África, o a la guerra en los países del este de

Europa, nos ha ayudado a reconocer el valor adaptativo de un modo relacional casi simbiótico entre la madre y sus hijos que sobrevivieron. Esto ha ocurrido en familias en que el padre y alguno de los hijos fueron asesinados. Una relación de gran proximidad afectiva entre la madre y los hijos sobrevivientes es una forma creativa de resistir a la tragedia y de apoyarse mutuamente para proporcionarse cuidados y protección mutua. El desafío para la madre, una vez fuera de peligro, consistirá en encontrar progresivamente otros modos relacionales más adaptados a las necesidades de sus hijos, lo cual les permitirá seguir creciendo y adaptarse a la nueva situación.

Este mismo fenómeno se observa en las familias del país en las que existe violencia conyugal, y en que la madre sella una alianza con sus hijos para protegerlos de la violencia de su cónyuge. Una vez separada, este modo relacional puede aún prolongarse por un tiempo, pero cuando perdura produce trastornos en la diferenciación de sus hijos, con el riesgo de trastornos graves de personalidad.

Las competencias parentales: capacidades y habilidades

Para proponer intervenciones destinadas a apoyar a las madres y a los padres en el cuidado de sus hijos, es importante tener en cuenta la diferencia entre *capacidades* y *habilidades* parentales. Las primeras engloban los componentes fundamentales de la parentalidad. Las segundas son los recursos emocionales, cognitivos y comportamentales de los padres, los cuales les permiten ofrecer respuestas adecuadas y pertinentes a las necesidades de su prole a lo largo de su evolución. El concepto genérico de *competencias parentales* engloba las nociones de *capacidades parentales* y *habilidades parentales*.

Las capacidades parentales básicas: los componentes de la parentalidad

Es en la historia de vida de los padres donde hallamos las fuentes de sus capacidades parentales básicas:

a) **La capacidad para vincularse**, o *apego*, es la capacidad de los padres para establecer un vínculo afectivo con sus hijos. Esta unión es fundamental para responder a las necesidades de los hijos, pues les garantiza la vida. Las diferentes investigaciones sobre el apego nos han permitido saber que el niño tiene una capacidad innata para vincularse. Su supervivencia depende de esta capacidad. Asimismo, la capacidad del adulto para vincularse a sus hijos depende tanto de su potencial biológico como de sus propias experiencias de apego. Los factores ambientales pueden facilitar o dificultar los vínculos afectivos con el niño. Los apegos de buena calidad, continuos y seguros en el tiempo, son los que permiten el desarrollo de una seguridad y una confianza de base en los hijos, un elemento que les resulta fundamental para crecer psicológicamente sanos y ser capaces de enfrentar desafíos y dificultades manteniendo un desarrollo sano. Esta capacidad se conoce como *resiliencia*.

A través de algunos ejemplos clínicos, ilustraremos cómo ciertos factores, unidos a contextos de violencia y exilio, pueden desorganizar o dañar los vínculos de apego, lo que explica que en nuestro programa propongamos a las madres y a los hijos actividades dirigidas a facilitar, o a restablecer, un apego sano.

b) **La inteligencia emocional**, que permite a los padres reconocer sus emociones y manejarlas para ponerlas al servicio de la función parental.

c) **La empatía**, o capacidad de comprender el lenguaje emocional a través del cual el niño expresa sus necesidades, y de responderle de la manera adecuada. La empatía es la capacidad para estar en sintonía con el niño, capacidad que permite a los padres percibir las necesidades que aquel expresa mediante su lenguaje corporal y emocional. La empatía implica también la capacidad para transmitirle al hijo que ha sido comprendido, ya sea mediante un gesto o una actitud, ya sea satisfaciendo la necesidad expresada por aquél. Una madre empática es sensible al llanto de su bebé e intenta decodificar su causa mediante la táctica del ensayo y el error, a la vez que le transmite, por gestos o palabras, que está buscando una solución a su malestar. Las respuestas empáticas están estrechamente relacionadas con la inteligencia emocional de los padres y su capacidad para vincularse a sus hijos.

d) **Las creencias y los modelos de cuidados** relativos al niño y sus necesidades son el conjunto de representaciones y comportamientos que utilizan las madres y los padres para intentar responder a las peticiones de cuidados que hacen sus hijos. Se expresan también mediante los modelos de educación resultantes de los aprendizajes familiares y sociales que se transmiten como fenómenos culturales generación tras generación.

Estos modelos se aprenden fundamentalmente en el seno de la familia de origen, mediante la transmisión de modelos familiares y gracias a mecanismos de aprendizaje tales como la imitación, la identificación y el aprendizaje social. El contexto social y cultural en el que la familia se mueve influencia también esta transmisión. Las diferentes maneras de percibir y comprender las necesidades de un niño forman parte implícita o explícitamente de estos modelos, así como las respuestas que se dan para satisfacer estas necesidades.

e) **La capacidad para utilizar los recursos comunitarios**, o la capacidad para interactuar con la red social. Innumerables investigaciones han mostrado cuán importante es la capacidad de participar en dinámicas de apoyo social para asegurar una parentalidad «bientratante» (Manciaux, M., 2000; Barudy, J., 1997; Cyrulnik, B., 1998).

Queremos insistir en el aspecto dinámico y evolutivo de las competencias parentales y las necesidades del niño, que evolucionan en función de la edad de éste y de su adaptación al medio. En los próximos capítulos relacionaremos las rupturas de contexto producidas por la violencia con los riesgos de disfunciones de la parentalidad, así como las disfunciones de la parentalidad con el riesgo de maltrato infantil.

Las habilidades parentales

Corresponden a la plasticidad que tienen las madres y los padres y que les permite proporcionar una respuesta adecuada y pertinente a las necesidades de sus hijos, considerándolas de una manera singular y adaptando sus respuestas a sus fases de desarrollo. Esta plasticidad es el resultado de las experiencias de vida, pero también de los contextos sociales. Esa capacidad es lo que explica que los padres sean capaces de adaptarse a los cambios que implica el desarrollo de sus hijos. Así, una madre podrá ser una madre competente con su hijo bebé y, más tarde, con su hijo en edad escolar o adolescente. La prevención de los malos tratos debe entenderse también como el conjunto de las acciones destinadas a facilitar esos procesos adaptativos, sobre todo en lo que se refiere al apoyo social, para enfrentar las situaciones de estrés que ello implica.

La promoción y la rehabilitación de las competencias parentales como fuentes del buen trato infantil engloban el apoyo de las capacidades parentales, así como el desarrollo de las habilidades parentales. Bajo esta óptica, el concepto de competencias parentales engloba ambos aspectos. Es evidente que, tanto para la evaluación como para la intervención, estos dos niveles se entremezclan en un proceso dinámico.

b) Las necesidades del niño

Nuestra acción, destinada a asegurar el buen trato a los niños en situaciones extremas, intenta contribuir a la recuperación de las capacidades de los padres para satisfacer las necesidades básicas de sus hijos. Desde esta perspectiva, todos los derechos de los niños podrían resumirse en la siguiente afirmación: *todas las niñas y todos los niños del mundo tienen derecho a vivir en unas condiciones en las que sus necesidades puedan ser satisfechas y sus derechos respetados.* Desgraciadamente, las diversas formas de violencia organizada que tratamos en este libro constituyen graves violaciones de los derechos de los niños.

Queremos insistir en que satisfacer las necesidades de los hijos constituye un desafío para cualquier madre o padre, *cualesquiera que sean sus orígenes, su historia o su contexto de vida.*

Ser madre o padre es uno de los desafíos más difíciles y complejos que los seres humanos deben afrontar. Es evidente, no obstante, que el desafío es mayor todavía en contextos de violencia y exilio, y, cuanto más extremas son las situaciones que impiden una parentalidad adecuada y los sucesos traumáticos que dañan la salud de los niños, los desafíos de la parentalidad también se agrandan.

Además, la situación es más grave cuando, antes de los trágicos acontecimientos, las madres y los padres no poseían las capacidades parentales necesarias, o incluso si, en algunos casos, tenían ya prácticas de maltrato. Estas constataciones nos han motivado para desarrollar nuestro programa de apoyo y rehabilitación de la parentalidad, al mismo tiempo que procuramos a los niños y las niñas los recursos terapéuticos a los que tienen derecho.

La evaluación de la satisfacción de las necesidades infantiles por parte de los padres nos sirve de marco para organizar nuestras intervenciones de ayuda a los hijos, a los padres y a las familias. Consideramos, por un lado, el grado de satisfacción de las necesidades fisiológicas (físicas y biológicas) y, por otro, la satisfacción de las necesidades básicas ligadas al desarrollo psicosocial del niño (afectivas, cognitivas, sociales y éticas) sistematizadas en diferentes trabajos (Pourtois, J.-P. y col., 1997; López, F., 1995).

1. Las necesidades fisiológicas

La idea según la cual los niños, para seguir vivos, necesitan cosas materiales como alimento, vestido, medicinas y un alojamiento seguro es aceptada sin ningún tipo de discusión. No obstante, y a pesar de ello, el mundo adulto debería asumir la vergüenza de no haber logrado garantizar a millones de niños y niñas en el mundo lo mínimo necesario para garantizar este derecho a la vida. Para los niños de los países pobres, el riesgo de sufrir, o incluso de morir, a causa de la situación de miseria de sus familias es enorme. En diferentes regiones de la zona pobre del planeta, explotada y frecuentemente abandonada a su suerte por el resto del mundo, la tasa de mortalidad de las capas más pobres de la población es un 40 % superior a la de las clases favorecidas. El analfabetismo supera el 50 % en las clases pobres y un tercio de los niños que nacen no irán nunca a la escuela y apenas un 1 % de ellos conseguirá llegar a la universidad.

Hablamos aquí, también, de los cientos de miles de niños asesinados por las balas y las bombas de los adultos incapaces de arreglar sus conflictos sin llegar a la violencia y a la guerra. Para ser justos, hay que precisar que cuando hablamos aquí del mundo adulto nos referimos, sobre todo, al mundo masculino. Históricamente son los hombres, con algunas excepciones, quienes toman las posiciones de poder y quienes deciden hacer la guerra. El sexo masculino es el responsable de las mayores atrocidades cometidas con los niños, las mujeres y las poblaciones civiles en general.

Los niños tienen derecho a ver satisfechas sus necesidades fisiológicas básicas:

a) A existir y seguir vivo y, además, con buena salud.
b) A recibir alimento en cantidad suficiente y de calidad.
c) A vivir en condiciones higiénicas adecuadas.
d) A estar protegidos de los peligros reales que puedan amenazar su integridad.
e) A disponer de asistencia sanitaria.
f) A vivir en un medio que permita una actividad física sana.

2. *La necesidad de lazos afectivos seguros y continuados*

La satisfacción de las necesidades afectivas permite que el niño se vincule a sus padres y a los miembros de su familia. A partir de ahí, será capaz de crear relaciones con su entorno natural y humano y de pertenecer, así, a una red social. Si los niños reciben el afecto necesario, serán capaces de dar y sentir afecto y emociones. Si son capaces de esto, podrán participar en las dinámicas sociales de reciprocidad, dando y recibiendo. Muchos investigadores han demostrado que la base del altruismo social depende fundamentalmente de los cuidados afectivos que reciben los niños (Bowlby, J., 1972; Spitz, R., 1974; Cyrulnik, B., 1983; López, F., 1995; Barudy, J., 1997).

Los niños tienen derecho a vivir en un ambiente de seguridad emocional y a disponer de vínculos afectivos «suficientemente incondicionales» con los adultos. Estos adultos deben estar disponibles y accesibles para el niño, con el fin de procurarles aceptación, ayuda y un clima emocional donde la expresión de los afectos sea posible. Existe un consenso entre los investigadores de la infancia según el cual, para asegurar la salud mental de los niños, hay que asegurarles vínculos afectivos de calidad, estables e incondicionales, es decir, vínculos «bientratantes».

Los testimonios que presentamos en este libro muestran hasta qué punto los contextos de violencia y exilio pueden dañar el tejido familiar, social y afectivo de los niños.

Una parte importante de nuestros esfuerzos van destinados a restablecer una esfera afectiva de buen trato, intentando facilitar dinámicas familiares y de grupo capaces de asegurar la satisfacción de las necesidades de apego, aceptación y reconocimiento de los niños.

2a) *La necesidad de vincularse* se encuentra en el origen del desarrollo personal de todo ser humano. Designa los lazos profundos que el niño necesita establecer con sus padres o con las personas que le cuidan, pero también con el resto de miembros de su familia, estableciendo una vivencia de familiaridad. Sin apego, el niño ve su equilibrio psicológico profundamente perturbado, si no definitivamente alterado. Uno de los desafíos de la parentalidad bientratante es asegurar un apego sano y seguro, que es responsable, entre otras cosas, del desarrollo de la empatía y la confianza de base. Incluso, aunque pueda parecer paradójico, sólo una buena experiencia de apego en los primeros años de vida asegura el desarrollo de la capacidad de diferenciarse. Y ésa es la capacidad que permitirá que el niño llegue a ser una persona psicológicamente sana y singular, con sentimiento de pertenencia a su red social.

2b) *La necesidad de aceptación.* Los mensajes positivos y benevolentes de su entorno humano próximo y significativo proporcionan al niño un espacio totalmente suyo donde se siente aceptado y donde podrá empezar a aceptar a los demás. Los padres, el resto de familiares, los vecinos y, más tarde, los profesores, así como los profesionales de la infancia, deben ser capaces de producir estos mensajes en cantidad suficiente para crear alrededor del niño un verdadero espacio afectivo y emocional seguro. Desgraciadamente, la satisfacción de esta necesidad queda obstaculizada, y muchas veces impedida, en las situaciones de violencia, al desorganizarse las redes familiares y sociales de los niños.

2c) *La necesidad de reconocimiento.* Gracias a los trabajos de diferentes psicólogos clínicos, los investigadores han podido percatarse de que una de las necesidades básicas del niño es la de ser y sentirse importante para, por lo menos, un adulto, y ello a lo largo de todo su recorrido existencial. En el funcionamiento de una familia sana, la satisfacción de esta necesidad se garantiza mediante el proyecto que cada padre o madre tiene para sus hijos. Cada niño tiene una misión, recibe un encargo por parte de sus padres. Esta especie de «delegación» se fundamenta en los lazos de lealtad entre los padres y sus hijos (Stierlin, H., 1981). Estos vínculos se forman ya en la intimidad de la relación precoz entre padres e hijos, y antes que nada en la relación madre-hijo. En una relación bientratante, la delegación es la expresión de un proceso relacional equilibrado, necesario y legítimo.

Cuando un niño asume una delegación, su vida recibe una dirección y toma sentido, se amarra a una cadena de obligaciones que pasa de una generación a la siguiente. En cuanto han sido delegados por sus padres, los niños tienen la posibilidad de probar su lealtad y su fidelidad cumpliendo misiones que tienen no sólo un significado personal, sino también un sentido supraindividual y que afectan, entonces, al conjunto del grupo familiar (Stierlin, H., 1981).

Por lo demás, las madres que participan en nuestro programa, como cualquier padre o madre, son asaltadas por una serie de contradicciones, oscilando entre la reproducción del «sé como nosotros» y la diferenciación del «sé diferente a nosotros». El proyecto parental puede estar también en contradicción con el proyecto personal del niño y ser así motivo de tensiones. Aunque el proyecto parental es indispensable para la construcción de la personalidad del niño, también puede llegar a ser demasiado invasivo y no dejar espacio al desarrollo del proyecto personal del hijo. Aquí, también, es necesario llegar a un compromiso.

Las situaciones de violencia y exilio predisponen frecuentemente a dos formas diferentes de exceso en la delegación que nuestro programa intenta prevenir:

a. *Delegaciones que implican una sobrecarga para el hijo.* Las misiones confiadas al niño sobrepasan sus capacidades físicas, psicológicas y sociales. En muchos casos, esta delegación ha sido necesaria para la supervivencia del conjunto de la familia, y es consecuencia de la reestructuración familiar necesaria para hacer frente a la agresión proveniente del medio. Por ejemplo, los hijos mayores de una familia cuyos padres están encarcelados y tienen que ocuparse de sus hermanos y hermanas pequeños. Los hijos de exiliados que deben actuar de traductores para sus padres, porque han aprendido a hablar la lengua del país de acogida mucho antes que ellos, puede ser otro ejemplo. Se trata, de hecho, de delegaciones funcionales necesarias, pero que pueden llegar a ser peligrosas. El peligro aparece cuando se convierten en crónicas o no van a la par ni de las capacidades, ni de los recursos, ni de las necesidades, ni de la edad de la persona delegada. Nuestras intervenciones en estos casos pretenden prevenir o intervenir de forma precoz para evitar este sufrimiento añadido a los niños.

b. *Delegación de misiones contradictorias.* Se trata de situaciones en las que uno o más adultos piden al niño que realice tareas que son en sí mismas contradictorias, e incluso, a veces, incompatibles. El niño, teniendo en cuenta sus sentimientos de lealtad y de dependencia, saldrá siempre perdiendo, y especialmente cuando no tiene la capacidad de entender que se halla en una situación contradictoria. Un ejemplo de ello fue el caso de un niño chileno de seis años de edad, hijo de exiliados, que era incitado por su padre a permanecer leal a su cultura y a su ideología política. Para ello le exigía ser crítico, e incluso despreciativo, con respecto a la cultura belga y a los valores capitalistas y consumistas de la sociedad europea. Al mismo tiempo, le exigía a su hijo que fuera brillante en el plano escolar.

3. Las necesidades cognitivas

«Tratar bien» a un niño o una niña es permitirle vivir en un ambiente relacional capaz de ofrecerle interacciones que faciliten el desarrollo de sus capacidades cognitivas. Los niños necesitan comprender y darle un sentido al mundo en el que han de vivir, adaptarse y realizarse como personas. El niño debe ser estimulado y ayudado en el desarrollo de sus sentidos, su percepción, su memoria, su atención, su lenguaje, su pensamiento lógico y, especialmente, en su capacidad de pensar y reflexionar. Somos los adultos quienes debemos aportar a los niños la estimulación y la información necesaria para que puedan comprender el sentido de la realidad, reconociéndose ellos mismos y distinguiéndose de su entorno.

En un modelo de buen trato, los adultos significativos harán todo lo que esté en su mano para satisfacer las necesidades cognitivas de *estimulación, experimentación* y *refuerzo*.

El niño necesita *estimulación*, por parte de los adultos significativos, para aceptar el desafío de crecer y esforzarse por aprender. Hay que estimular su curiosidad acerca de todo lo que sucede a su alrededor para que desee explorar el mundo y conocerse mejor. Los trastornos de la estimulación, que aparecen como resultado de las diferentes formas de violencia organizada que producen las situaciones de negligencia, violencia emocional o maltrato físico, pueden provocar en el niño problemas del desarrollo graves o incluso irremediables. Éstos se manifestarán mediante dificultades o problemas en el aprendizaje, por el fracaso escolar, e incluso, en los casos más graves, en forma de discapacidades intelectuales.

Hay que saber también que la sobreestimulación puede, a su vez, ser nefasta: un «bombardeo sensorial» demasiado intenso puede causar estrés y angustia.

El niño tiene una gran necesidad de *experimentación*, necesaria también para aprender a relacionarse con su entorno. Una actitud bientratante debe mantener y estimular esa necesidad de experimentar y descubrir. Aprender a actuar sobre el medio, con vistas a modificarlo de una forma constructiva, permite que los niños adquieran, progresivamente, libertad para controlar su entorno.

Lo importante es que los adultos favorezcan el anclaje de las nuevas experiencias sobre lo ya adquirido desde el nacimiento. La satisfacción de las necesidades de experimentación está fuertemente relacionada con las necesidades de vinculación. Un niño sólo se decidirá a explorar si dispone de una figura de apego que le dé una seguridad de base.

Los niños necesitan ser *reforzados* en sus intentos para enfrentarse a los desafíos del crecimiento. El refuerzo positivo es lo que un niño siente cuando ha realizado una tarea o ha dado una respuesta que el adulto le connota de una forma positiva.

Y al mismo tiempo, para desarrollarse, el niño necesita ser informado sobre la calidad de sus actuaciones, ya que esta información va a dar un sentido a lo que dice o hace, va a mejorar la conciencia de su conducta y, además, va a ayudarle a corregir sus errores y a fijar las conductas esperadas. En otras palabras, conocer el resultado de una tarea favorece el aprendizaje. Es gracias a este proceso que el niño llegará a reconocerse a sí mismo y a dar su reconocimiento a los demás.

4. *Las necesidades sociales*

Los adultos bientratantes deben ayudar a los niños a aceptar su independencia. Es decir, ayudarles a integrar las reglas sociales de su comunidad y a actuar de conformidad con ellas. Los niños deben tener autorización para lograr su autonomía ejerciendo sus derechos. Pero, sobre todo, es necesario educarlos en el respeto de normas que aseguren el respeto a los demás y que permitan la convivencia y el cumplimiento de los deberes y las responsabilidades hacia ellos.

Para convertirse en persona, el niño tiene derecho a sentirse parte de una comunidad, desarrollando así un sentimiento de «alteridad» y de pertenencia, disfrutando así de la protección y el apoyo social. En un primer momento, es su familia de origen la que asegura la mediación entre la red social más amplia y el niño. Posteriormente, con su entrada en la escuela, y a medida que va desarrollando su autonomía, será el propio niño quien participará directamente en las dinámicas de intercambio. Para desarrollar las potencialidades sociales de los niños, los adultos deben contribuir a satisfacer su necesidad de *comunicación*, de *consideración* y de *estructura*.

a. Las necesidades de comunicación

La comunicación que proporciona la experiencia de sentirse bien tratado es aquella que confirma al niño en su condición de sujeto, dándole toda la información que concierne a su vida, a su familia y a su grupo de pertenencia. A través de los diferentes tipos de conversaciones, los niños se sienten reconocidos como una parte importante de su cuerpo social. Gracias a la comunicación, los niños reciben todos los contenidos informativos indispensables para situarse en su propia historia y en el contexto social y cultural que les son propios. Por otro lado, gracias a la comunicación, el niño puede saber qué espacio tiene en su grupo de referencia y la importancia que da ese grupo, empezando por su propia familia, a que él exista.

Las situaciones de violencia organizada perturban, sin lugar a dudas, las redes comunicacionales en la familia y en las comunidades de pertenencia. Existe por ello un riesgo importante de que aparezcan los secretos familiares y se produzca entonces una mistificación de la realidad, lo que refuerza aún más la angustia y la confusión en los niños.

b. La necesidad de consideración

El mérito de la Convención de los Derechos de los Niños, desde el punto de vista de la salud mental de éstos, es obviamente el hecho de recordar al mundo adulto que los niños son sujetos de derechos, y que es nuestro deber respetarlos. Asegurar el buen trato de los niños implica también ofrecerles un ambiente de consideración y de reconocimiento como personas válidas. Respetar a los niños nos trae a la mente la idea de estima, de aprecio. Para aprender a sentirse perteneciente a una colectividad y a vivir en sociedad, todo niño tiene necesidad de ser reconocido como persona con dignidad, méritos y habilidades específicas. Para existir como ser social, es importante que el niño se represente a sí mismo como un ser valioso para la sociedad, en tanto que persona singular. Es la mirada de ese «otro» significativo lo que permite la emergencia de una parte importante de la identidad de los niños. Se trata de que tengan no sólo una imagen de sí mismos, sino también de su propia autoestima. Sintiéndose apreciados, tendrán la energía psicológica necesaria no sólo para desarrollarse, sino también para hacer frente a las dificultades provenientes del entorno. La consideración es una de las fuentes de la resiliencia. Uno de los daños más significativos provocados por los contextos de violencia organizada es el total desprecio que muestran los agresores por la condición humana de las víctimas.

c. La necesidad de estructura

Ningún ser humano puede sobrevivir sin los cuidados y el apoyo de sus semejantes. Para participar en esta dinámica, los niños tienen derecho a la educación. El niño y la niña tienen derecho a aprender a comportarse según las normas sociales de su cultura de pertenencia, pero también a rebelarse si las normas son injustas. Las normas culturales no son legítimas por el mero hecho de ser culturales: lo son si se basan en el respeto a la vida, a la integridad y a los derechos de todos. Un ejemplo aterrador de normas culturales abusivas son las mutilaciones genitales de las niñas.

Las normas son bientratantes si tienen como finalidad la convivencia participativa de todos, respetando los derechos de todos y aceptando la diferencia.

A nivel familiar, las reglas sociales son modos de regulación que aseguran el ejercicio de las funciones de los miembros del sistema familiar. Son necesarias para garantizar la existencia de una jerarquía de los roles de cada uno que permita la educación de los niños. Los padres deberán no sólo ser los garantes de la transmisión de las normas familiares y sociales, sino que deberán también favorecer las conversaciones que permitan a los niños integrar el sentido de esas normas y respetarlas. Afortunadamente una gran mayoría de padres intenta aún cumplir su rol educativo ayudando a los niños a integrar las normas necesarias para la convivencia social. Hay que ayudar a los niños a gestionar sus deseos y sus pulsiones, al igual que sus frustraciones. Es evidente que el desafío es todavía mayor en los contextos de violencia y de exilio.

Las familias participantes en nuestro programa se han enfrentado, y se siguen todavía enfrentando en algunos casos, a factores contextuales que son un obstáculo o que dificultan esta función educativa. A pesar de ello, somos testigos del esfuerzo de los padres, especialmente de las madres, para no abdicar de su misión educativa. Constatamos que un gran número de madres siguen desarrollando prácticas que permiten la interiorización en los niños de normas y reglas de comportamiento adecuadas, creativas y altruistas.

Estas madres bientratantes utilizan prácticas educativas basadas en el respeto de los derechos y las necesidades de los niños. Numerosas investigaciones tienden a mostrar el impacto positivo de un estilo educativo afectivo que valore las actitudes racionales animando a los intercambios, pero empleando la autoridad cuando sea necesario. Se trata, pues, de un estilo que, fijando las normas, favorece, no obstante, la autonomía. Los niños educados en este ambiente demuestran un humor positivo, una gran confianza en sí mismos y un buen autocontrol (Baumrind, 1971).

5. La necesidad de los valores y de la ética

El niño tiene el derecho a creer en valores que le permitan sentirse actor en la construcción de su cultura. Esta dimensión engloba las otras cuatro de una forma incuestionable y, con frecuencia, implícita. Son los valores los que dan un sentido ético al buen trato en el ámbito de las representaciones. Los niños aceptan también someterse a las normas cuando éstas están legitimadas por valores; sobre todo, si las normas y las reglas sociales garantizan el respeto de todos, permitiendo la emergencia de la justicia, el respeto, la solidaridad, el altruismo social y la ayuda mutua.

Interiorizar las reglas sociales mediante valores positivos y significativos hace que los niños se sientan dignos y orgullosos y tengan confianza en los adultos de su comunidad. Para nosotros, la interiorización de estos valores positivos es una garantía de buen trato.

Desgraciadamente, los niños han estado desde siempre confrontados a la incoherencia de los adultos. Las situaciones descritas en este libro son una prueba trágica de esta realidad. Los seres humanos son los únicos animales sobre la faz de la tierra capaces de producir tanto los peores como los mejores entornos sociales. Además, somos los únicos capaces de modificar el medio natural, bien para mejorar nuestras condiciones de vida o bien para empeorarlas. A este respecto, son numerosos los ejemplos que hablan de la capacidad del animal humano para contaminar y desorganizar la naturaleza, hasta el punto, incluso, de destruirla, poniendo en peligro la existencia de todos los seres vivos. Este poder de la condición humana está, sin duda, unido a nuestra capacidad para representarnos la realidad mediante el pensamiento simbólico, al producir las explicaciones necesarias para dar un sentido a lo que nos sucede y a lo que ocurre a nuestro alrededor. Son numerosos los ejemplos que nos enseñan de una forma dramática la capacidad que posee el ser humano para destruir a otros seres humanos y a otros seres vivos partiendo de las ideologías y las creencias. Ello es una consecuencia de la capacidad de simbolización y representación de la experiencia que expresamos por medio de nuestros discursos y narraciones.

5.1. *La transmisión de valores en la cultura del buen trato*

La transmisión de valores colectivos que enseñen a los niños el respeto a los seres vivos y a los derechos de todo el mundo es fundamental. Para desarrollarse, los niños necesitan interiorizar una ética que les convierta en responsables de sus actos, tanto en su capacidad de tener relaciones sociales altruistas y solidarias como cuando, al contrario, producen violencia y comportamientos abusivos. Tratar bien a un niño es, también, aportarle las herramientas para que desarrolle la capacidad de amar y de hacer el bien, y para que interiorice que es bueno vivir en contextos de veracidad y coherencia.

c) La capacidad de resiliencia de cada una de las personas implicadas en el proceso: la resistencia resiliente

Otro componente de nuestro modelo de producción del buen trato se relaciona con la resiliencia. La resiliencia ha sido definida como la capacidad de mantener un proceso de crecimiento y de desarrollo suficientemente sano y normal a pesar de las condiciones de vida adversas (Cyrulnik, B., 1998, 1999, 2001; Vanistendael, S., 2000; Manciaux, M., 2000). En otro libro abordamos este tema en profundidad (Barudy, J. y Dantagnan, M., 2005). Aquí utilizaremos el concepto de resiliencia de forma diferenciada, para referirnos a la resiliencia parental, por un lado, y a la resiliencia de los niños, por otro.

La resiliencia parental

La resiliencia parental corresponde a la capacidad para mantener un proceso de buen trato hacia los hijos independientemente de unas difíciles condiciones de vida. La palabra «difíciles» parece aquí un eufemismo, en la medida en que las experiencias vividas por las madres, los padres y los niños víctimas de la violencia organizada frecuentemente están cercanas a un tipo de horror impensable o incluso inimaginable.

La resiliencia parental es, de alguna manera, un renacer tras haber vivido el drama de la violencia organizada. Es una reconstrucción de las formas de buen trato hacia los hijos, como resultado de las experiencias reparadoras que los padres han conocido, mezcladas con el sufrimiento, en contextos de ayuda y apoyo social.

La resiliencia de los niños

La comprensión de los procesos resilientes de los niños nos ayuda a entender mejor el origen de la resiliencia de los padres. Pero, más importante todavía, nos explica cómo orientar nuestras intervenciones de manera que respeten y potencien los recursos naturales de los que disponen los niños para enfrentarse al desafío de vivir.

En nuestro enfoque, la resiliencia es un fenómeno activo y no pasivo: es el resultado de una dinámica social y no de unos atributos individuales. Está relacionada, entre otros, con el concepto de *coping*, tan apreciado por los autores anglosajones (Pourtois, J.-P., 2000), quienes evocan también las actitudes positivas para hacer frente al estrés. De todas formas, la resiliencia va más allá en su dinamismo y su persistencia en el tiempo, ya que no es sólo una respuesta a los sucesos traumáticos, sino también una disposición para mantener o recuperar la salud. Es el resultado de un proceso dinámico que tiene su origen en la relaciones en el seno de una familia biológica, o de aquello que la substituya, o en la interacción social. La resiliencia está, pues, estrechamente unida a la noción de apego:

> La resiliencia es [...] un proceso complejo, un resultado, el efecto de una interacción entre el individuo y su entorno. Y el aspecto clave de esta relación es, al parecer, la capacidad de estar con el otro: no se es resiliente frente a todo o frente a cualquier cosa, y en todo caso no se es resiliente uno solo, sin estar en relación. Así pues, la resiliencia tiene que ver con el apego (A. Guedeney, en Cyrulnik, B., 1998).

Los niños resilientes

Es evidente que queda mucho por hacer antes de validar el conjunto de factores que son responsables de los procesos de resiliencia de las niñas y los niños. Los resultados de nuestras observaciones de los niños que han sido víctimas de la violencia organizada, la pobreza y la guerra, y de los niños víctimas de la violencia familiar, pretenden ser nuestra humilde contribución a estas investigaciones.

Nuestras observaciones, que se apoyan sobre los estudios más recientes, nos han ayudado a progresar para distinguir cuáles son los determinantes precoces de la resiliencia.

Hemos constatado que la calidad del vínculo entre padres e hijos y las competencias educativas de, al menos, uno de los padres constituyen experiencias de base para la resiliencia. Otro factor es la existencia de una red social de apoyo a la familia.

Nuestro programa de apoyo a la parentalidad para asegurar el buen trato de los niños y las niñas se basa en acciones dirigidas a facilitar las vinculaciones familiares sanas y a ofrecer apoyo social a la familia. Cuando las agresiones han perturbado los procesos de apego, los padres y las madres reciben apoyo terapéutico para recuperar una vinculación sana con sus hijos e hijas.

Trabajar con las madres y los padres en la restauración de la historia de su relación con sus hijos, que muchas veces ha quedado totalmente trastornada por los trágicos sucesos, se convierte en algo prioritario para nosotros, así como facilitar la construcción de nuevos entornos humanos.

El concepto de resiliencia nos sirve de guía para establecer los criterios de actuación con los niños y sus padres, en el sentido de apoyar sus recursos naturales, pero nos proporciona también criterios para evaluar nuestras propias capacidades resilientes en tanto que profesionales. Entendemos por «profesionales resilientes» a aquellos que son capaces de proponer su apoyo en todos o en alguno de los aspectos siguientes:

- Ofrecer unas relaciones de apego sanas, comprometidas y permanentes en el tiempo.
- Facilitar y participar en los procesos de toma de conciencia y de simbolización de la realidad familiar y social (por dura que sea), con el objetivo de buscar alternativas de cambio a partir de dinámicas sociales solidarias y realistas.
- Ser capaz de proponer un apoyo social, es decir, aceptar ser una parte activa de la red psico-socio-afectiva del niño y de sus padres.
- Participar en procesos sociales dirigidos a mejorar la distribución de los bienes y la riqueza para paliar las situaciones de pobreza.
- Implicarse en la lucha contra las situaciones de violencia y de los sistemas de creencias que los sustentan.
- Promover y participar en procesos educativos que desarrollen el respeto de los derechos de todas las personas, especialmente de las mujeres y de los niños y las niñas, así como el respeto a la naturaleza.
- Promover la participación de los niños en actividades que les permitan acceder a un compromiso social, religioso o político, de forma que se produzcan sociedades más justas, solidarias y no violentas.

Uno de los pilares de uno de nuestros programas de apoyo al buen trato ha sido la puesta en marcha de «apadrinamientos» para los niños refugiados, no sólo por parte de los miembros adultos de la familia extensa, sino creando especialmente redes de apoyo con personas clave de su entorno, como los maestros, los animadores de los talleres y las colonias de vacaciones, vecinos o padrinos y madrinas captados a través de nuestro proyecto de apadrinamiento. Todos estos adultos dotados de recursos de apego y de empatía constituyen nuevas fuerzas de apoyo para reconstruir y reestructurar nuevas redes sociales dignas de confianza.

En esta dinámica social y comunitaria, los niños encuentran lo que nosotros llamamos, siguiendo a Boris Cyrulnik (1999), guías o tutores del desarrollo, es decir, adultos que les ofrecen cuidados complementarios. En las situaciones más dramáticas –como aquellas en las que ambos padres presentan una incompetencia parental irrecuperable o, también, cuando los padres han muerto o han desaparecido–, estos guías o tutores pueden convertirse en verdaderos sustitutos parentales en lo que se refiere a la parentalidad social.

Para reconocer el valor de todos los niños y los padres que han sobrevivido y que han sido capaces de transformar sus experiencias de sufrimiento en fuerzas de vida, hemos decidido utilizar el término *resistencia resiliente*. Para las familias, este término designa el conjunto de estrategias que han permitido a los padres escapar a la muerte protegiendo a sus hijos. La palabra «resistencia» es especialmente evocadora para nosotros. Nos vienen a la memoria los movimientos de resistencia, especialmente frente a la invasión nazi durante la Segunda Guerra Mundial, que se dieron en todos los países ocupados, y que están muy presentes en la memoria colectiva de los pueblos europeos que los vivieron. El concepto de resistencia nos recuerda dinámicas colectivas que permiten a los individuos mantener su identidad y la libertad de defender su pertenencia. En un sentido más amplio, este concepto implica reconocer la fuerza vital que nos permite luchar cada vez que la vida está amenazada.

Para el terapeuta, el interés metafórico de la resistencia consiste en dar testimonio de los esfuerzos de un individuo que se niega a ser «ocupado» por su agresor e inicia frecuentemente una lucha, que durará toda su vida, para sobrevivir a esa experiencia devastadora.

En nuestro ensamblaje de «resistencia resiliente», la resistencia alude, en nuestra opinión, a las acciones combativas que llevan a cabo un sujeto o un grupo de sujetos para hacer frente a las adversidades provocadas por dinámicas inhumanas; y el adjetivo «resiliente» indica un resultado positivo –para el sujeto mismo o para el grupo– como fruto de esta resistencia: mantener la propia capacidad para seguir desarrollándose sanamente.

La resistencia puede tomar formas muy variadas, ¡y no siempre está carente de sufrimiento! Resistir implica frecuentemente disponer de capacidades de adaptación a los fenómenos violentos y destructivos. Al niño o la niña le quedan, a veces, «cicatrices» que pueden parecer patológicas si no se reencuadran como lo que son: signos de que ese niño o esa niña creó unos mecanismos que le permitieron sobrevivir en un momento particular de su vida. En consecuencia, los comportamientos o los mecanismos de defensa que nos han permitido resistir en un momento dado deben poder evolucionar o ser abandonados cuando cambia el contexto. Es entonces cuando tiene sentido la intervención terapéutica, para permitir que los mecanismos de defensa que nos han sido útiles para hacer frente a unas circunstancias concretas de la vida no se fijen como el modo de funcionamiento único del niño o del adulto. La resistencia se convierte en resiliente cuando es reconocida y apoyada por un tercero (individuo, grupo o comunidad) que le da forma y sentido.

Queremos insistir especialmente en el hecho de que, desde nuestro enfoque sistémico, la «resistencia resiliente» de un sujeto está lejos de ser sólo un atributo individual. Depende de las características fisiológicas y psicológicas del individuo, pero también del contexto familiar, comunitario y social en el que evoluciona o ha evolucionado. En este sentido, la «resistencia resiliente» no es una característica estática que exista, o falte, permanentemente en un individuo: es una metáfora dinámica que varía en función de las circunstancias y los momentos vitales.

d) Los recursos comunitarios

Los recursos comunitarios corresponden a la obligación que toda sociedad o comunidad tiene de ofrecer las mejores condiciones de vida posible a sus descendientes, entendiendo que ellos significan la continuidad de la especie humana. Como hemos dicho antes, desde esta óptica el buen trato infantil debe ser el resultado del esfuerzo del conjunto de una sociedad.

Desgraciadamente, no existen demasiadas sociedades que puedan enorgullecerse de ser totalmente bientratantes con los niños. En el caso de las familias refugiadas, es el conjunto del sistema familiar quien ha sido maltratado, lo que genera además un aumento del riesgo de maltrato intrafamiliar por la acumulación de factores de estrés.

Una parte de nuestras investigaciones se dedica a mostrar cómo un contexto social inhóspito, carente o violento puede facilitar la aparición de la violencia en una familia (Barudy, J., 1997). Se puede hacer una larga lista de situaciones de estrés ligadas a la inmigración forzada que significa exiliarse y solicitar el estatuto de refugiado, cuya combinación crea un aumento de la tensión en las familias, con el riesgo de que los miembros no puedan controlar la agresividad como resultado de esta situación. En consecuencia, pueden aparecer diferentes formas de malos tratos hacia los niños o en la relación conyugal. Dentro de la lista de factores de estrés vale la pena mencionar el no reconocimiento del derecho de asilo; la falta de reconocimiento de las experiencias de amenaza y persecución vividas en su país de origen, a menudo acompañadas de acusaciones como la de ser falsos refugiados; la incomunicación; el aislamiento social; la falta de perspectivas laborales; la falta de una vivienda digna; la exclusión social, y el riesgo de marginalidad. Esto último ocurre frecuentemente cuando, al no obtener estatuto de refugiados, las familias se ven obligadas a vivir «sin papeles» en una situación de semi clandestinidad, lo que implica una condición de una gran precariedad material y social.

El acompañamiento terapéutico de familias refugiadas provenientes de diferentes partes del mundo nos permite atestiguar que el sufrimiento de los miembros de estas familias es el resultado de experiencias a veces impensables. Estas experiencias dan origen a traumas severos a nivel individual, pero también a un empobrecimiento o incluso una pérdida de las redes familiares y comunitarias, que son fuentes de identidad y apoyo social.

Las experiencias traumáticas vividas y las dificultades ligadas al exilio son a veces hasta tal punto perturbadoras que las competencias de padres y madres ya no son capaces de responder adecuadamente a las necesidades de los hijos.

Para los niños que han sido víctimas directas de la violencia organizada, no es fácil volver a tener confianza en los seres humanos después de haber sido testigos de las atrocidades producidas por los adultos. Para los niños, éste es quizá el aspecto más traumático de esas experiencias, ya que son producidas por aquellos que, simbólicamente, tendrían que ser unos buenos referentes para su desarrollo. Para agravarlo aún más, con demasiada frecuencia los perseguidores, los torturadores, los genocidas, forman parte de los cuerpos de seguridad de los Estados, es decir, de esta parte diferenciada de la comunidad que ha sido investida con la misión de proteger a la población civil, especialmente a los más vulnerables, entre los que se encuentran los niños. Niñas, niños, bebés incluso, han sobrevivido en el inicio de sus vidas a encuentros peligrosos, violentos, imprevisibles y caóticos con adultos, incluso de su entorno cercano, que de pronto se han transformado en humanos salvajes y despiadados.

Por otro lado, sus padres, figuras indispensables para asegurarles no sólo la educación, sino sobre todo la protección frente a los ataques procedentes del exterior, son frecuentemente agredidos, humillados, mutilados, violados, detenidos delante de sus hijos. Estos escenarios dramáticos amplifican las vivencias de confusión, terror y, sobre todo, impotencia.

3

Estudio de la parentalidad bientratante en una situación de exilio

El proceso de conceptualización de la noción de «buen trato» y su aplicación a la realidad de las familias en el exilio nos ha permitido estructurar un proceso de investigación-acción. El objetivo de esta investigación es mejorar nuestras intervenciones para facilitar la conservación o la recuperación del buen trato a los niños.

La oportunidad que el Fondo Herman Houtman nos ha dado al financiar esta investigación-acción nos ha permitido observar nuestro programa con una nueva mirada y nos ha llevado a nuevos conocimientos. Hemos elegido el prisma del buen trato para sistematizar el contenido de nuestros encuentros con estas «familias supervivientes», y también para evaluar la coherencia y el impacto de nuestras intervenciones, teniendo siempre en cuenta el contexto en el que gravitamos juntos.

Al principio se trataba, para nosotros, de evaluar las dinámicas familiares para intervenir y apoyar el buen trato, considerando los cuatro elementos presentes en nuestro modelo: las necesidades del niño, las competencias parentales, los factores comunitarios y las capacidades de resistencia resiliente. Pero la complejidad de cada situación nos ha empujado a elegir el factor de las competencias parentales como eje para presentar nuestros resultados, sin olvidar, no obstante, estudiarlas teniendo en cuenta la interconexión circular con los otros tres factores.

Nuestro campo de observación es la práctica diaria en la acción de las diferentes intervenciones, y también en las conversaciones con los participantes de nuestro programa.

Hemos escogido como método de nuestra investigación dos herramientas que nos pareció que se salían de lo común:

La conversación y el testimonio

- Facilitando las conversaciones con los miembros de las familias, asumimos un lugar activo en este proceso, lo que nos permite definirnos como observadores participantes.
- Escuchando los testimonios de las tragedias que han sufrido estas familias, en especial las madres y los hijos, queremos formar parte de los procesos de resistencia y de resiliencia que les han permitido afrontar estos dramas sin dejar de asegurar el buen trato a sus hijos.

Es en el trabajo cotidiano donde hallamos el origen y la fuerza motriz de nuestra investigación-acción. Para ello, somos fieles a nuestro compromiso, como profesionales de la salud mental, con las familias que han sido víctimas de la violencia organizada. Nuestras intervenciones se basan en la petición singular que cada persona o familia nos hace, poniendo siempre el acento sobre el niño como sujeto, con una necesidades y unos derechos específicos.

Somos pues, a la vez, actores en el campo clínico e investigadores, y nuestra herramienta principal es la *observación participativa*.

Queremos igualmente evaluar nuestras acciones, sobre todo aquellas que van dirigidas a apoyar el buen trato infantil. Queremos transmitir las experiencias que podrían ser útiles para ayudar a otros grupos de población que se hallan en situaciones similares. Así, por ejemplo, nuestras investigaciones nos han sido de utilidad para desarrollar un programa de apoyo al buen trato infantil para mujeres maltratadas que, alejadas de su pareja, intentan reconstruir su familia con sus hijos (Tamaia, 2002).

La observación participativa: el conocimiento como «co-nacimiento»

En nuestro caso, sería más justo hablar de «participantes-observadores» que de «observadores-participantes»:

> Personas comprometidas en la acción deciden darse un tiempo y un medio para tomar distancia sobre su propia acción, prosiguiendo con el trabajo. Tomar distancia en este contexto quiere decir romper la brecha que existe normalmente entre aquellos cuya tarea es reflexionar y aquellos que sufren sus conclusiones (Canter Kohn, R., 1982).

La actitud de escucha del terapeuta nos parece particularmente propicia para una observación de calidad. Por *terapeuta* entendemos toda persona comprometida en el acompañamiento y en el apoyo de quienes nos consultan. En este sentido, tanto el médico como el psicólogo, el trabajador social o el animador que trabajan conjuntamente en el equipo son «terapeutas» en el sentido amplio de la palabra: todo lo que realizan tiende a inscribirse en el objetivo terapéutico definido por el proyecto de trabajo institucional.

Dejarse impregnar por lo que sucede en su campo de observación, establecer una relación cálida con aquellos a los que uno observa, conduce desde el primer momento al observador a dar algo de sí, ya que pasa a formar parte del objeto de observación ampliado, siendo al mismo tiempo el instrumento principal de la observación. En este sentido, «la observación da forma a la realidad. Opera una transformación de la realidad en la que interviene cada participante a su manera, desde su sitio» (Canter Kohn, R., 1982).

Esto constituye probablemente la singularidad de nuestro enfoque, y también toda su complejidad:

- Ser a la vez actores sobre el terreno e investigadores.
- Llegar a globalizar las observaciones, que sorprenden, al principio, por la gran singularidad de cada situación y de cada historia.
- Evitar las trampas de nuestra posición autorreferencial «adultista», que podría llevarnos a «olvidar» al niño, el sujeto de nuestra investigación y de nuestra acción.

La observación participativa se nos presenta como una metodología de investigación capaz de preservar y reforzar nuestro trabajo. Evidentemente, nos parecía imposible defender una posición como observadores exteriores del niño y de su familia cuando la esencia misma de nuestra función consiste en intervenir en una situación de sufrimiento. Es en la práctica del intercambio entre profesionales, pero también con los niños y sus familias, como se construye paso a paso nuestra acción, se elabora nuestra metodología y se esboza una teorización.

En efecto, el objeto mismo de nuestro proyecto es facilitar el encuentro, favorecer la reconstrucción de un tejido social, restablecer los vínculos y los lazos familiares y sociales, con la finalidad de reducir el sufrimiento y encontrar las respuestas concretas a éste.

Implicamos en nuestra observación a los participantes en el programa, no como objetos de ésta, sino como sujetos activos, es decir, como actores de esa observación. De esta forma, hemos introducido una modificación en nuestra relación con ellos y en nuestra forma de percibirles.

Nos definimos como coinvestigadores, junto con cada familia, de aquello que cada una de ellas ha creado para sobrevivir y adaptarse, de lo que ha frenado u obstaculizado ese proceso, de lo que falta o ha faltado para facilitarlo, de lo que podría hacerse para mejorarlo.

Por otro lado, el flujo de información entre teoría y práctica, al igual que nuestro enfoque transdisciplinar, nos resulta indispensable para comprender el efecto traumático de las experiencias vividas por las familias, así como para comprender sus mecanismos de resistencia y resiliencia, evidenciando los factores que los determinan. Se trata no solamente de sus recursos actuales, sino también de los que han adquirido durante el ciclo de vida de los miembros que conforman la familia, y de la familia como sistema. Nos focalizamos especialmente en los niños, introduciendo en nuestro enfoque una perspectiva transgeneracional.

A propósito de la epistemología de nuestra investigación-acción, hemos elegido situarnos en el terreno de la etología y de la sistémica. Nuestra acción puede considerarse etológica en el sentido de que intentamos estudiar los fenómenos humanos que emergen en las familias exiliadas considerando el medio natural en el que se producen. Es también sistémica en el sentido de que intentamos comprender esos fenómenos refiriéndonos al conjunto de los modelos explicativos que el paradigma sistémico nos ofrece. Nuestra observación está, pues, encuadrada y dirigida por dos ejes: el eje histórico y el relacional.

Nuestro enfoque etológico

Como afirma Boris Cyrulnik, constatamos también que, «en el hombre, este medio natural es difícil de definir» (Cyrulnik, B., 2001). Como él, nos evadimos mediante una pirueta diciendo que el medio natural es «el lugar donde el hombre vive en su cultura». Pero en estos casos tenemos que hacer una doble pirueta, ya que los sujetos de nuestras observaciones y de nuestras prácticas son familias que vienen de fuera, y por lo tanto traen consigo sus propias culturas estando obligados a vivir en la cultura de otros. Esos «otros» son los habitantes del país de acogida que, en el caso de los países europeos, son cada vez menos hospitalarios. Por eso, más nos vale decir que practicamos nuestras observaciones «en el lugar de vida de las familias», lo cual implica que nos consideramos esencialmente como agentes que trabajamos sobre el terreno.

Nuestro enfoque sistémico

El paradigma sistémico nos permite darle un sentido al discurso y al comportamiento humano al considerar el contexto en el que se producen. Y ello en una doble dimensión:

El *eje diacrónico* corresponde a la dimensión histórica, que toma en consideración la trayectoria vital o la historia de vida de las personas y de sus familias. El *eje sincrónico* se refiere al conjunto de personas y sistemas que, a través de esas interacciones, influencian la vida de los niños y de la familia en el aquí y ahora, en un sentido constructivo o destructivo.

Nuestros veinticinco años de trabajo nos ha permitido articular esta mirada sincrónica junto con la observación de la trayectoria de las familias.

Al introducir esta perspectiva evolutiva, aparecen en nuestras observaciones y en la forma de organizar nuestro pensamiento algunas cuestiones pertinentes, tales como: ¿qué va a suceder con esta familia?, ¿cómo van a evolucionar esos niños?, ¿cuáles son los procesos de adaptación?

En fin, consideramos también, en nuestras actuaciones, la aportación que hace el enfoque sistémico de la segunda cibernética:* no existe

---

* En la teoría sistémica se habla de «segunda cibernética» cuando el observador está incluido y forma parte del sistema observado.

objetividad en la vivencia intersubjetiva. El fin es obtener «un conocimiento como co-nacimiento» (Duss von Werdt, J., 1996) en esa intersubjetividad entre el terapeuta-investigador y el paciente-investigador.

Nuestras observaciones están lejos de permitirnos establecer leyes generales basadas en números. Pero nos permiten conocer, a través de numerosos intercambios, la realidad y los recursos de un grupo significativo de víctimas de la violencia organizada en las diferentes partes del mundo.

Los estudios de cada caso nos han permitido entrar en el mundo de las personas particulares y examinar cómo manifiestan ellas su sufrimiento y cómo le hacen frente para seguir adelante. Esos estudios, aunque no nos permiten enunciar leyes generales, nos permiten al menos dar testimonio de las formas que utilizan para reconstruirse la mayoría de los niños y de los padres que nosotros atendemos.

Antes que hacer investigación científica, se trata aquí de transmitir una práctica, de testimoniar sobre un recorrido, sobre un encuentro en el sentido pleno del término: hallarse en el mismo lugar y en el mismo momento para conocerse y, en ese espacio neutro, reconstruir juntos un sentido y un vínculo.

Vamos a intentar ilustrar la percepción que tienen las madres y los niños de lo que les ha sucedido mediante la presentación del contenido de algunas conversaciones recogidas tanto en las sesiones terapéuticas como en las actividades de grupo propuestas por nuestro programa. Queremos compartir el contenido de los intercambios informales entre los niños, los adultos, las madres y sus hijos, y los profesionales. Hemos traspasado aquí el contenido de estos intercambios en la medida en que se referían al tema que nos interesa.

En relación con los niños, vamos a hacer participar al lector describiéndoles los dibujos y otras formas de expresión, tales como el juego, a través de los cuales los niños nos han comunicado sus experiencias. Se trata no sólo de los relatos de las situaciones vividas, sino también de sus hipótesis operacionales para dar un sentido a hechos que, para la mayoría de las personas, forman parte de la categoría de lo impensable. Intentamos también ilustrar las percepciones que los niños tienen de los cuidados y de «la educación» dispensados por sus padres en situaciones extremas. De esta forma, intentamos ofrecer un espacio a los niños y a sus palabras, considerando que, durante demasiado tiempo, la opinión de estos actores de los procesos humanos no ha sido tenida en cuenta.

El interés por la vivencia de sus experiencias traumáticas es, efectivamente, algo relativamente nuevo, y nos ha abierto la puerta a una multitud de preguntas y de sorpresas.

En relación con los padres, hemos buscado los factores que éstos han creado para asegurar el buen trato a los niños, lo que nosotros llamamos *resistencia resiliente parental*.

Paralelamente, queremos compartir nuestro modelo de acompañamiento de las familias, por un lado, para apoyar el buen trato parental, y, por otro, para facilitar los procesos terapéuticos para reconstruirlo. Esto puede ser necesario en el caso de que los padres no hayan conseguido establecer estrategias para proteger a sus hijos de la violencia, y también en los casos más dramáticos, en los que los padres han producido comportamientos maltratantes como consecuencia de la acumulación de estrés y, a veces, por su incompetencia parental. De todas formas, aunque seguimos hablando de los padres, hay que recordar que las protagonistas principales –y a veces únicas– de los esfuerzos de buen trato son las madres: ellas son las heroínas anónimas del combate para asegurar los cuidados, la alimentación y la educación de sus hijos.

Cuando constatamos que la parentalidad bientratante está fallando, intentamos ofrecer contextos relacionales terapéuticos a todos los implicados, con la finalidad de hacer emerger en los miembros de la familia los aspectos positivos, los recursos que, con el apoyo de los profesionales, les permitirán salir de nuevo adelante y reconstruir su parentalidad bientratante.

Como profesionales, dos escollos nos amenazan frente a la violencia y el sufrimiento que nos transmiten las personas que han sido víctimas de la violencia organizada: uno es el de replegarse sobre sí mismo creando una coraza de indiferencia, y el otro es el de perderse en un ideal de «salvación».

Al optar por la metodología de la investigación-acción, más allá de una *simple* metodología de investigación, optamos por una forma de resistirnos a la pérdida del sentido más general a la que estamos expuestos todos y cada uno de los habitantes de este planeta, y por ejercer una opción de solidaridad con aquellos que han sido víctimas de la violencia organizada, que es una de las consecuencias de esta sociedad globalizada en la que vivimos.

En el trabajo con las familias exiliadas, un mecanismo esencial del encuentro es, ciertamente, la curiosidad. El encuentro con «el extranjero» es un estímulo excelente de esta curiosidad que nos guía y que nos permite cuestionar los modos de ser, las prácticas y las representaciones, ¡con la condición, desde luego, de permitir que se manifieste la misma curiosidad hacia nosotros!

No obstante, no podemos dar rienda suelta a esta curiosidad más que en una relación de respeto mutuo.

Para lograrlo, nosotros, los profesionales, tenemos que construir un puente entre nuestra experiencia y la suya, por extraña que nos pueda parecer. Forma parte del camino interior de cada uno de nosotros, indispensable para el encuentro.

Es igualmente importante tener siempre presente que el camino recorrido para que tenga lugar este encuentro no es el mismo para la persona que pide ayuda que para el profesional, y que, en general, son las personas que vienen hacia nosotros quienes tienen que recorrer la parte más ardua y difícil de este camino.

El estudio de la parentalidad bientratante en situaciones extremas

Para estudiar la parentalidad bientratante de las mujeres y los hombres que están en el exilio, así como los problemas que les han provocado sus experiencias de violencia, nuestra curiosidad se ha focalizado especialmente sobre la vinculación entre padres e hijos, sobre sus representaciones del hijo y sobre las mejores formas de responder a sus necesidades, así como su pertenencia a una red social.

Nos referimos a un modelo circular con el fin de estudiar de qué modo las experiencias exógenas (las guerras, el exilio, las rupturas de contexto) perturban el acceso a los recursos de una parentalidad suficientemente sana, con la finalidad de poner de manifiesto las fuentes de resiliencia movilizadas por la familia para preservar a sus hijos, y también para descubrir los factores negativos e intentar modificarlos: es aquí donde se articulan terapia e investigación.

1. LA OBSERVACIÓN DEL APEGO

La teoría del apego describe y explica la formación de los lazos afectivos entre el niño y las figuras significativas que le rodean –especialmente la madre, y luego el padre y el resto de los miembros de la familia–, así como el impacto de estas relaciones sobre el desarrollo socioafectivo del niño. La calidad de esta relación inicial se considera el punto de partida de todas las relaciones futuras del niño, y también de la confianza de base y de su empatía; de ahí su crucial importancia.

Debemos la teoría del apego a Bowlby (1972, 1978), quien, alejándose del psicoanálisis, pone el énfasis en la importancia de estudiar las interacciones del niño con las figuras primarias –sobre todo la madre–, antes que concentrarse en los conflictos internos. Distingue así la vinculación afectiva de la necesidad de gratificación o de placer puesta de manifiesto por el psicoanálisis, y subraya la necesidad que tiene el niño de ser protegido y cuidado por un adulto. Así pues, considera que existe una complementariedad adaptativa entre los comportamientos de los cuidados parentales y los comportamientos de apego manifestados por el niño. Si la relación es bientratante, la calidez de la relación y la proximidad juegan un rol importante en el establecimiento de la relación de apego, con lo que se activa el sistema de vinculación cuando el niño se enfrenta a una situación amenazadora.

Al venir al mundo, el recién nacido posee ya una relación sensorial muy rica con su madre. Los embriones se convierten muy pronto en actores de la comunicación. El bebé-feto humano se desarrolla a una velocidad asombrosa y entre la segunda y la vigesimocuarta semana de gestación podemos hablar ya de un apego intrauterino. Antes de la vigésima semana, la sensibilidad táctil y vestibular lo hacen capaz de distinguir su propia posición dentro del útero y de ser sensorialmente consciente de las posiciones de su madre, así como de todas las informaciones sobre la forma particular en que se mueve. Seguidamente, le llega una sensibilidad olfativa extrema. El niño, que entonces ya es capaz de percibir el olor de las moléculas químicas disueltas en el líquido amniótico, percibe y memoriza el olor de su madre. Es este olor el que encuentra posteriormente, al nacer, sobre toda la piel de su madre, y de forma especial en las axilas, la raíz de los cabellos, el contorno del pezón y las primeras gotas del calostro. El reconocimiento de este olor en el mundo exterior es la prolongación del vínculo sensorial ya establecido en el interior del útero.

Por lo tanto, uno de los componentes del apego es el reconocimiento sensorial, y en este sentido no somos demasiado diferentes del resto de los mamíferos. El feto tiene igualmente la facultad de sentir el olor de los alimentos que come su madre, el tabaco que fuma o el perfume que utiliza. Esta percepción olfativa va a la par con la capacidad que tiene el bebé para «degustar» las moléculas que circulan por el líquido amniótico (Cyrulnik, B., 1989).

El oído tiene también un papel fundamental en la construcción de este proceso de relación sensorial. La comunicación auditiva empieza hacia la vigesimoséptima semana. Podemos constatar entonces, de una forma conmovedora, que el bebé es capaz de discriminar la voz de su madre, que atraviesa sin problemas el ruido de la placenta. El feto en el útero establece con esta voz una relación privilegiada: el corazón del bebé se acelera cuando su madre canta, y el bebé cambia de postura cuando ella habla. Las ecografías nos muestran estas imágenes emocionantes. Cuando la madre habla, el bebé parpadea, puede cambiar de postura y ponerse a chupar su pulgar o su cordón umbilical.

Esta relación intrauterina influenciará el tipo de apego desde el nacimiento, que prolonga una historia que no siempre es positiva. Ciertos futuros bebés sufren ya en el vientre de su madre influencias destructivas debidas a factores contextuales, tales como las situaciones de violencia que analizamos en este libro.

Por el hecho de nacer, el niño desencadena ciertos comportamientos maternales y bloquea otros. Este proceso acarreará una vinculación bientratante o, por el contrario, maltratante. En el momento del nacimiento de su hijo, la madre está sometida a un inmenso flujo de experiencias y sentimientos. Tras su nacimiento, el niño no corresponde en ningún caso al «hijo imaginario» de los padres ni de la familia, pero si la diferencia es demasiado grande, los recursos personales de los padres muy limitados o el contexto desfavorable, podemos asistir al inicio de la tragedia del maltrato infantil.

En la familia, el proceso de vinculación se produce de una forma recíproca: del bebé hacia su madre, y de la madre hacia el bebé. Este proceso es el origen del sentimiento de familiaridad que unirá a los diferentes miembros de una familia en la emoción de la pertenencia. En el sentido etológico, esta familiaridad corresponde a una fuerza biológica, a la comunicación material y al vínculo sensorial que unen a los diferentes miembros de una familia como resultado de esta fase de vinculación. La experiencia genera un verdadero órgano de coexistencia que tiene, como consecuencia, los cuidados mutuos y el respeto de la integridad de los diferentes miembros asociados.

El vínculo de apego madre-hijo empieza a construirse desde el nacimiento. Durante los tres primeros meses de vida, el hijo expresa sus necesidades –sobre todo fisiológicas– mediante señales: llanto, expresiones faciales, etcétera. La capacidad de la madre para descodificar esas señales tiene un rol primordial en la producción de las respuestas adecuadas a las necesidades del niño. Sobre estas bases de buen trato empieza a desarrollarse la confianza del niño, que se irá afirmando claramente a lo largo de los meses siguientes. A partir de los tres meses, el niño es progresivamente más activo en estos intercambios y dirige cada vez más sus señales hacia esta figura que le procura bienestar. En el segundo semestre de vida, la relación recíproca de la vinculación se manifiesta. El niño diversifica sus señales y comportamientos y participa activamente en el desarrollo de la relación. Su movilidad le permite ir hacia la madre. Es así como los comportamientos de persecución o de búsqueda de la cercanía materna, que se valoran como signos claros de la relación de apego, se manifiestan. El niño empieza también a explorar en mayor medida su entorno. El apego deja de ser principalmente una fuente de protección y de supervivencia para convertirse en la base para los comportamientos exploratorios y adaptativos. Durante el segundo año de vida del niño, esta dimensión de la relación de apego se consolida.

Ainsworth (1989) desarrolla aún más la teoría del apego al integrar el concepto del «otro», esencialmente la madre, como una «base segura», poniendo de relieve las diferencias individuales en la calidad del apego. Esta «seguridad de base» tendrá un rol fundamental en el desarrollo de los comportamientos de exploración y adaptativos del niño.

Nuestro método de evaluación a partir de la observación del apego

El modelo de Bowlby (1978) y, en particular, las experiencias de Ainsworth y Bell se basan esencialmente en la interacción observable. Estos autores han desarrollado un procedimiento para evaluar la calidad o la seguridad del vínculo entre el niño y la figura de apego durante los dos primeros años de vida. Se trata de poner a los niños en una situación experimental: «la situación extraña». La reacción de los niños permite hacer importantes observaciones que han servido de modelo para numerosas investigaciones posteriores.

Aunque nosotros nos inspiramos en las observaciones de Bowlby y Ainsworth, no hemos reproducido, sin embargo, su procedimiento de observación. En nuestro modelo evaluativo vamos a fijarnos en la observación de los comportamientos de los niños y de los padres en las situaciones de la vida cotidiana de la familia, ya que, por analogía, podemos asimilarlas a «la situación extraña».

Tal como lo deja entrever nuestra definición de apego, no nos basamos solamente en la interacción observable y en la posibilidad de repetir la observación. Nosotros integramos en nuestra observación el enfoque psicodinámico, que tiene como objetivo la reconstrucción de lo real a través de la actividad mental. Lo que observamos es también un discurso y unas emociones.

Para llevar a cabo nuestra observaciones, nos hemos inspirado en los cuatro tipos de apego, tal como fueron desarrollados por Ainsworth y Bell y por Zeanah y Lieberman (1995): apego *seguro* o de tipo B, apego *ansioso-ambivalente* o de tipo C, apego *evitativo-rechazante* o de tipo A y apego *desorganizado* o de tipo D.

Los tipos o patrones de apego

Ainsworth demostró que, si bien todo niño desarrolla una relación de apego con una persona significativa, la calidad de esta relación varía de una díada a otra. Describe tres tipos de relación de vinculación materno-filial a partir de los comportamientos observables en el niño en «la situación extraña». Otros autores han descrito posteriormente de una forma más pormenorizada el comportamiento maternal, reafirmándose en las mismas tipologías definidas por Ainsworth. En efecto, la seguridad o la inseguridad del vínculo del niño no es una característica individual, sino una característica de la relación. Las descripciones del comportamiento del niño y de la madre no son, pues, una descripción de las características de cada uno de ellos, sino una descripción del estado de su relación en el momento de la observación. Crittenden (1981) ha demostrado que existe una correspondencia entre el tipo de comportamiento maternal y el tipo de comportamiento del niño, tanto en las díadas con problemas como en aquellas en las que no hay problema alguno. Para el niño, los vínculos son hasta tal punto vitales que se vincula al adulto independientemente del hecho de que este adulto sea adecuado o no.

Esto nos lleva a distinguir dos tipos de vinculación: el *apego seguro* y el *apego inseguro*.

El *apego seguro* es para nosotros un indicador de buen trato y de que existen competencias parentales lo bastante buenas. Por el contrario, la observación de un *apego inseguro* nos hace pensar en la posibilidad de algún problema en la parentalidad social y en la necesidad de profundizar la evaluación de la relación padres-hijos.

El apego seguro (o de tipo B)

Los niños de esta categoría se caracterizan por las protestas y por las demostraciones de desamparo que hacen cuando se les separa de sus madres o de otras figuras de apego. Cuando la figura de apego vuelve, el niño adopta comportamientos de búsqueda de proximidad, se deja consolar con facilidad y vuelve enseguida a explorar libremente. Por su parte, la figura de apego se caracteriza por su sensibilidad a las necesidades expresadas por el niño. Diferentes estudios demuestran que esta categoría representa alrededor del 60-70% de la población infantil.

Los apegos inseguros

Cuando la presencia de la figura de apego no reduce el nivel de desamparo y no sirve de apoyo para la exploración del entorno, estamos en presencia de un apego inseguro. Estas relaciones inseguras pueden ser:

a) El apego evitativo-rechazante (o de tipo A)

Estos niños manifiestan pocas perturbaciones cuando la figura de apego se va, y no buscan consuelo cuando vuelve la madre, ignorándola o incluso evitándola. Además, no demuestran ningún tipo de preferencia entre «el extraño» presente en la «situación extraña» y la figura de apego. No consideran a la madre, al padre u a otra figura como una base segura para explorar. Las madres de estas díadas de relación esquiva se caracterizan por su escasa sensibilidad a las señales del niño, sea por insensibilidad y distanciamiento, sea por su actitud de sobreestimulación, incluso exagerada, pero incoherente con las señales que emite el niño, y no adaptada a sus necesidades. Alrededor del

20-25% de los niños de la población general se encuentra en esta categoría.

b) El apego ansioso-ambivalente (o de tipo C)

Estos niños manifiestan perturbaciones durante la separación. El niño tiene un comportamiento paradójico que parece estar relacionado con su incertidumbre con respecto a la capacidad de su madre para darle seguridad. El niño busca el contacto a la vez que manifiesta una resistencia a ser consolado, resistencia a menudo expresada por gestos de enfado o de frialdad. Esta categoría es la que menos se encuentra en la población general, con un porcentaje del 10-15 % de los niños. Es, no obstante, el tipo de apego más frecuente entre la población que nos ocupa.

Algunos estudios constataron que ciertas díadas eran difícilmente clasificables en uno u otro de estos tres tipos de apego. Ante esta realidad, Main y Solomon (1986) propusieron añadir un cuarto tipo de apego: el «desorganizado–desorientado» (o de tipo D)

c) El apego desorganizado (o de tipo D)

Este tipo corresponde a los niños que no demuestran ninguna estrategia coherente en el establecimiento de sus relaciones con la figura de apego. Su comportamiento trasluce su confusión y su aprensión. El niño no logra ni aproximarse ni separarse de la madre o del padre, como si le asustaran. La madre y el padre le parecen al niño amenazantes e imprevisibles. Este tipo de apego tiene correlación con disfunciones familiares y sociales mayores. Se encuentra frecuentemente en las familias donde los padres sufrieron malos tratos graves durante sus infancias y no fueron protegidos o lo fueron de forma inapropiada. Se trata de familias en las que los niños conocen casi todos los tipos de maltrato y viven en un ambiente donde existe la violencia conyugal, la enfermedad mental de uno o de ambos padres, el alcoholismo y la toxicomanía parental. La existencia de este tipo de disfunción del apego es un indicador de incompetencia parental grave, crónica y, a menudo, irrecuperable. Hemos encontrado este tipo de problemas en un grupo minoritario de familias seguidas por nuestro programa. En la historia de estas familias se mezclan las disfunciones familiares transgeneracionales con las consecuencias de la violencia y del exilio.

El apego desorganizado puede presentar diferentes formas (Zeanah y Lieberman, 1995):

- *El apego desorganizado indiscriminado*: estos niños no se vinculan en verdad, aunque vayan hacia los adultos, incluso desconocidos, de forma indiscriminada para tener algún contacto con ellos, pero sin reciprocidad. Estos niños se ponen a menudo en situación de peligro. Cuando se les observa con sus padres, se alejan de ellos muy fácilmente y no responden a sus llamadas o a sus avisos.
- *El apego desorganizado con inhibición*: Son niños pasivos que, aunque están hipervigilantes hacia sus padres o hacia otros adultos, muestran poco interés por la relación, el juego y la exploración, y poco afecto en presencia de los padres.
- *El apego desorganizado agresivo*: se trata de niños que presentan una preferencia por una figura de apego, a la que necesitan poner a prueba constantemente provocándola y manifestando hacia ella una mezcla de enfado y miedo a ser abandonado.
- *El apego desorganizado con inversión de roles*: en este caso el niño, muy sensible en relación con el estado de sus padres, cuida de éstos y les manifiesta una solicitud excesiva. Al mismo tiempo, es capaz de castigarles o de dictarles la conducta que tienen que seguir. Se trata frecuentemente de niños que, además de todas las dificultades descritas, han sido víctimas de una delegación abusiva: han sido obligados a cuidar no sólo de sus hermanos o hermanas, sino incluso de sus propios padres.

Los *apegos desorganizados* que más hemos observado son los del tipo con inhibición y los del tipo con inversión de roles.

Nuestro método de observación

Hemos utilizado diferentes medios para optimizar nuestras capacidades de observación:

– Nos hemos basado en indicadores, con el fin de enriquecer nuestras observaciones de las relaciones paterno-filiales, en particular, con el fin de evaluar las competencias parentales (Steinhauer, P. y col., 1995) y el tipo de apego (Ethier, L. y col., 1998; Ainsworth y Bell, 1989; Zeanah y Lieberman, 1995).

- Psicólogos en formación o posformación han asistido a algunas sesiones de trabajo y han observado más particularmente los comportamientos y las reacciones de los niños pequeños.
- Hemos filmado algunas entrevistas con el objetivo de obtener una información más precisa de las interacciones y ver algunos extractos junto con las familias, principalmente para llamar su atención o enriquecer la visión de los padres sobre algunos de los comportamientos de los niños.
- Hemos organizado reuniones regulares de «intervisión» con los diferentes miembros del equipo responsable de la investigación, así como con los profesionales de Exil y de otras instituciones que participaban en el seguimiento de las familias.

Ruptura de contexto, aislamiento y problemas del apego

Durante las entrevistas con las madres y sus hijos, enseguida constatamos una incidencia significativa de los apegos de tipo ansioso o hasta huidizo en los niños, incluso en situaciones en las que la madre estaba disponible, atenta y sensible a los requerimientos del hijo. Esto constituye una demostración más de que la calidad del apego no depende solamente de las capacidades de la madre. El contexto social es muy importante en el proceso de establecimiento y mantenimiento del apego (Barudy, J., 1997). Las situaciones de violencia organizada, con sus cúmulos de traumas, los cambios obligados de la estructura familiar y, sobre todo, la ruptura del contexto son factores perturbadores del apego.

Por «ruptura de contexto» entendemos una situación en la que son cambiados los códigos y las referencias que nos permiten darle un sentido al mundo que nos rodea y, en particular, a las interacciones sociales, con lo que la situación se vuelve «indescodificable» para nosotros.

La ruptura del contexto puede ser brutal, implicando una importante pérdida de referencias, con graves consecuencias para las madres, los padres, los hijos y sus respectivos apegos.

Nuestro trabajo, como investigadores, ha consistido en observar la especificidad de este apego y su evolución: un apego que evoluciona bien con la terapia nos hace suponer que éste era suficientemente sano antes del desastre. Por el contrario, cuando una recuperación no llega, a pesar de las intervenciones de ayuda, emitimos la hipótesis de que hay problemas más profundos del apego. Muy a menudo, estos problemas tienen su origen en la historia anterior de los padres.

En nuestra investigación relacionamos igualmente los problemas del apego y trauma psíquico de los niños.

En efecto, un importante factor protector para el niño en las situaciones de catástrofe es la capacidad que pueda tener el padre o la madre para asegurar su función de continente psíquico para el hijo. Desde el momento en que las capacidades psíquicas del adulto –madre o padre– son desbordadas por los sucesos traumáticos, él o ella pierden, aunque sea de forma transitoria, su función protectora del psiquismo del niño.

Los problemas del apego que observamos en nuestra práctica clínica están, pues, al menos en parte, relacionadas con las experiencias traumáticas de los padres.

En este sentido, las diferentes intervenciones terapéuticas que propone nuestro programa son, prioritariamente, espacios de apoyo y de reconstrucción de los vínculos intrafamiliares.

Simultáneamente, intentamos facilitar la emergencia de nuevas redes sociales. Se trata de acompañar un proceso de «comunitarización» en el que estén implicados los padres, los hijos y los profesionales de la intervención, así como los miembros significativos de la comunidad.

Hemos constatado, por lo demás, que un buen número de mujeres viven su exilio en el aislamiento: habían perdido sus respectivas redes naturales de apoyo y no disponían de una red social sustitutiva capaz de secundarlas y apoyarlas.

Por otro lado, en muchos casos las madres debían ocuparse de bebés que dependían de ellas las veinticuatro horas del día. Y no hablamos aquí de actitudes «culturales», aunque sí podemos decir –sin generalizar– que en África, América del Sur u otros lugares el niño es acunado, llevado en brazos o amamantado por la madre durante más tiempo que en los países europeos. Pero al mismo tiempo, en esas comunidades, los niños están en contacto con un número mucho mayor de niños o adultos, que se ocupan de ellos en tanto que son miembros de la comunidad y les ofrecen un amplio abanico de interacciones diferentes desde los primeros años de vida.

Las situaciones con las que nos encontramos en nuestro programa denuncian un aislamiento social grave, en el que las madres y sus hijos no tienen durante largos periodos de tiempo ninguna otra forma de contacto social o afectivo que la relación del uno con el otro. Afortunadamente, la incorporación de los niños a la escuela introduce un poco de aire nuevo en sus relaciones y abre las puertas a nuevas interacciones.

La presencia permanente del niño con la madre puede ser vivida por ella unas veces como un apoyo, y otras como una fuente de problemas, incluso de angustia. Esta situación, de hecho, refuerza la naturaleza profundamente ambivalente de los primeros vínculos entre la madre y su hijo.

La construcción del apego materno-filial no es tan sólo una «historia de dos», sino una «historia de muchos». Es necesario, pues, una persona solidaria para reforzar la naciente relación, y esa figura, desgraciadamente, falta en muchas de las situaciones de las que nos ocupamos.

Algunas ilustraciones de nuestras intervenciones

Si el adulto utiliza eminentemente, para expresarse, las herramientas cognitivas y de simbolización que posee –es decir, el lenguaje verbal–, el niño pequeño, lo que «utiliza», es su cuerpo. Este desfase limita muchas veces nuestras capacidades para comprender a los bebés. Por eso estamos tan atentos a sus gritos, a su mirada, a sus expresiones faciales, a su postura corporal, a su tono postural, que nos permiten acceder a su mundo.

Durante los primeros encuentros, empezamos siempre dirigiendo a los niños unas palabras de bienvenida y una pregunta: «¿Sabes por qué has venido aquí?». Las respuestas de algunos de los niños, incluso si apenas saben hablar, son a veces sorprendentes y nos abren muchas puertas. Paralelamente, les preguntamos a los padres qué es lo que han explicado a sus hijos sobre la sesión, lo que en algunas ocasiones nos permite acceder a sus expectativas.

Nos parece que el primer beneficio que el niño saca de la sesión es que experimenta que existe un espacio donde la palabra de su madre –y la del padre, cuando se halla presente– es acogida y escuchada, un lugar donde las emociones pueden encontrar un lugar para su expresión.

Paulatinamente se observa que el niño se relaja, empieza a explorar el espacio de juego, dirige después miradas, sonrisas… Cada niño tiene, desde luego, su propio ritmo en este proceso:

Tracy, de 20 meses, nos fue derivada desde el centro donde había sido ingresada a petición de la madre, que, sin papeles y sin dinero, se sentía incapaz de alimentar y de dar una vivienda digna a su hija.

La madre expresó desde el primer momento su dificultad para separarse de su hija y nos pidió ayuda para resolver sus problemas legales y económicos con el fin de recuperarla.

Tracy estaba muy inquieta: gritaba cada vez que su madre quería dejarla en el suelo, se aferraba a ella fuertemente y daba la espalda a los profesionales. Desde el momento en que la terapeuta intentó dirigirle la palabra, la niña chilló más fuerte todavía. No obstante, la terapeuta se arriesgó a decirle que tal vez lo que le pasaba era que tenía miedo de que la madre la dejase allí, como cuando la dejaba en la guardería. Como no parecía que la niña la hubiese oído a causa de los gritos, la terapeuta le pidió a la madre que fuera ella misma quien le explicase a la niña lo que habían venido a hacer aquí. Ambas se miraron, y la madre le explicó que ella había venido aquí para que la ayudaran. La hija se calló inmediatamente. La terapeuta siguió hablando a la madre, y le pidió que le hablase del internamiento de su hija: cómo se decidió, cómo se hizo la separación, lo que sintió, lo que creía que había sentido Tracy, etcétera.

La madre se expresó tranquilamente y con emoción. La niña escuchó, se fue relajando y empezó a mirar a la terapeuta a través de los dedos abiertos de sus manos. Se creó un juego de miradas. Después, Tracy descendió de las rodillas de su madre y empezó a explorar muy activamente la sala. Finalmente, se acercó a la terapeuta con un rotulador en la mano para escribir en sus papeles. La terapeuta escribió su nombre con el rotulador y luego le preguntó a la madre cuál era el apellido de la niña. Tracy llevaba el apellido del padre, que estaba desaparecido. La terapeuta escribió ese apellido bajo la atenta mirada de la niña, y le dijo que, en su opinión, aquello le interesaba mucho.

Aunque es el marco de la sesión lo que seguramente ha permitido que aflore la palabra y se contenga la angustia, es sin duda la propia madre quien ha hecho que la niña se relaje y «se implique» en el encuentro. En este caso concreto, donde el difícil contexto social reforzaba el riesgo de ruptura, la intervención terapéutica consiste en permitir la «re-creación» de un lazo entre la madre y la hija, que pueden así encontrarse en un espacio intermedio seguro. La continuidad de las sesiones tiene como finalidad permitir la prevención de la vivencia de abandono y de ruptura del vínculo.

Otro ejemplo:

Kelly tiene 18 meses cuando llega al Centro Exil con su madre por primera vez, enviada por el centro de acogida de la Cruz Roja, donde residen.

La niña se aferra a su madre y gime lastimeramente. No nos concede ni una sola mirada, ignora nuestras invitaciones para explorar el espacio de juego y rehúsa los juguetes que le ofrecemos.

Le preguntamos a la madre qué es lo que la ha llevado a acudir a nosotros, y ella nos cuenta espontáneamente su historia: Kelly y ella son las únicas supervivientes de la masacre que sufrió toda su familia. La madre y la niña estuvieron escondidas durante varios meses en un depósito de cadáveres, antes de abandonar el país con la ayuda de un amigo de la familia.

Tras este periodo, Kelly abandonó toda conducta de exploración del espacio y permaneció permanentemente pegada a su madre, que explica que no puede alejarse de la niña ni unos pasos siquiera.

Tras varios meses de encuentros regulares, durante una sesión en la que la madre se muestra particularmente hundida, la niña se abandona a su pena: madre e hija lloran la una al lado de la otra. Fue la primera vez que vimos a la madre aislarse sumergiéndose completamente en su pena y dejando a la niña a su aire. Le transmitimos que, en nuestra opinión, ella se permitía mostrársenos en ese estado porque ya podía confiar en el vínculo que habíamos construido conjuntamente. Quedamos impresionados por los esfuerzos, vanos, de la niña para llamar la atención de su madre, y después, por su renuncia y su propia soledad frente a la momentánea incapacidad de su madre para ofrecerle el mínimo consuelo. La terapeuta preguntó entonces a la madre si le permitía tomar en brazos a la niña. Mientras la madre iba poniendo su desesperación en palabras y se calmaba poco a poco, la niña se tranquilizó y se durmió.

Vemos aquí cómo un tipo de apego que se podría considerar disfuncional tiene un valor adaptativo: en un contexto de supervivencia, estos comportamientos tenían todo su sentido. Los terapeutas connotan de forman positiva el modelo de relación entre la madre y la hija. En este caso, no se trata necesariamente de la manifestación de un apego inseguro-ansioso-ambivalente, sino de una manera de enfrentarse a la ansiedad derivada de la experiencia negativa.

A pesar de la experiencia del horror, es el apego lo que ha permitido a estos dos seres humanos mantenerse en vida, y no nos referimos tan sólo a la vida física, sino también a la vida psíquica. En las sesiones, es el trabajo sobre este apego lo que permite acceder a la simbolización del sufrimiento.

Gracias al apego, la niña le permite a su madre acceder a su sufrimiento tanto como la madre le permite a su hija acceder al suyo propio.

Por lo demás, observamos en casi todos los casos un reconocimiento –en el discurso de las madres– del valor de sus hijos como fuente de resistencia y de supervivencia:

«Sin este hijo, no sé dónde estaría yo.»

«Es mi única razón para vivir.»

«Es por él que hago todo esto; para mí la vida se ha acabado ya, pero quiero que él tenga una vida mejor.»

Podríamos denominar este fenómeno como «una sobrevaloración sana» del hijo, ya que es una respuesta de supervivencia para la madre y para el hijo.

Esta «sobrevaloración» es diferente de la contaminación psíquica de las madres «psicotizantes», situación en la que el hijo no tiene su espacio propio como individuo. Aquí, en cambio, parece existir un valor positivo. Para la madre se trata de una situación de supervivencia, y es el amor por el hijo y el apego mutuo lo que le da la fuerza para tener proyectos y revivir.

Desgraciadamente, algunos profesionales sin formación o con demasiados prejuicios que se parecen peligrosamente a ideas racistas perciben negativamente este tipo de valoración. La siguiente situación lo ilustra:

Sandra llegó a Bélgica durante sus primeros meses de embarazo y fue alojada en un centro de acogida. Allí explicó su historia y dijo que estaba embarazada como consecuencia de una violación. Le propusieron una interrupción voluntaria del embarazo, a lo que ella se negó, priorizando sus creencias religiosas. Los trabajadores sociales del centro de acogida estaban, no obstante, muy afectados por su situación e inquietos por la futura relación madre-hijo; por este motivo solicitaron a Exil que se le hiciera un seguimiento psiquiátrico.

Algunos días después del nacimiento, durante una visita a la maternidad de uno de los miembros de nuestro equipo, la madre, que estaba totalmente silenciosa y parecía muy deprimida, pudo decir: «Este niño es inocente». Asimismo, precisó con un cierto orgullo su peso y talla exactos y se inquietó por no tener suficiente ropita de abrigo para él.

De vuelta al centro de acogida, la intranquilidad de los trabajadores médico-sociales y de los educadores provocó una «fijación ansiosa» en la joven madre y su bebé.

El hecho de que durmiera con él, de que no quisiera confiarlo a nadie o de que insistiera en tenerlo siempre a la vista fue interpretado como una «sobrevaloración» peligrosa para el hijo. Los trabajadores sociales que asistían a esta madre pronunciaron frases desproporcionadas: «Su bebé es su objeto, y no le permite tener un espacio propio como individuo».

Al mismo tiempo, es probable que si esta madre hubiera confiado a su hijo, de tan sólo unas semanas de vida, a otras mujeres, o si lo hubiera dejado fuera de su control visual, ello hubiera sido interpretado como una falta de apego.

No obstante, en un contexto tal, haga la madre lo que haga, la inquietud de los profesionales es tan grande que no pueden tener una visión positiva sobre la naciente relación; más bien al contrario: esta inquietud contamina la relación.

Se constata, pues, que las representaciones sociales de los profesionales tienen una influencia determinante sobre los proyectos que conciben con las personas y sobre sus intervenciones.

Idealmente, lo que construyen alrededor de los padres de los bebés debe constituir un contexto seguro que favorezca el apego, formando una especie de «matriz» para esta relación naciente.

Esta tarea es especialmente difícil de asumir cuando los profesionales perciben su trabajo social como una forma de control. Control que toma como referencia la defensa de los valores y de las representaciones de la cultura dominante del país de acogida. En este contexto, las diferencias culturales pueden ser vividas como un obstáculo para las verdaderas relaciones interpersonales. Puede suceder también que estas diferencias culturales puedan ser argüidas por los profesionales para explicar lo que no entienden (o peor todavía, lo que no quieren entender) o para justificar su malestar frente al fenómeno de lo diferente, evitando así entrar en relación con la persona que tienen delante.

En el caso de Sandra y su hijo, intentamos ayudar a los trabajadores sociales proponiéndoles una recontextualización positiva de los comportamientos de la madre, en el sentido que hemos desarrollado anteriormente. Les ayudamos a descubrir que en la elección de tener a su hijo por parte de esta mujer, y en su forma de unirse a él, subyacía una forma de resistir a la influencia de la violencia. Al decidir ser madre, ella había reencontrado su capacidad de decidir, saliendo así de la experiencia de impotencia impuesta por sus torturadores-violadores. Su particular forma de aferrarse a su hijo era una forma simbólica de sentirse de nuevo un ser vivo, participante de una relación de vinculación mutua.

Por otro lado, en el Centro Exil nos encontramos periódicamente con mujeres que han traído al mundo hijos como consecuencia de violaciones, y somos testigos de cómo, en alguna de estas trágicas situaciones, se crean relaciones de apego seguro.

Desde luego, el niño es un sujeto activo en este proceso: su necesidad vital de ser querido lo conduce a desarrollar a veces una gran creatividad para «hacerse adoptar» por su madre.

Es evidente que las condiciones y el contexto que rodean el nacimiento y los primeros momentos del encuentro son de la mayor importancia.

Tenemos que subrayar, desde luego, la importancia que tiene para la madre el hecho de haber podido trabajar la idea de dejar que su hijo se sienta adoptado. Este trabajo implica todo un proceso que debe permitir a la madre escoger entre dar a su hijo en adopción o «adoptarlo» ella misma. Sin embargo, en muchas situaciones la madre no ha tenido esa posibilidad de elección, y además el bebé ha nacido en condiciones muy difíciles, ya sea camino del exilio, en un tercer país o en el país de acogida, pero en malas condiciones.

Cuando la madre toma la decisión de «adoptar» ella misma a su bebé, hemos observado que el nombre elegido para el hijo posee un valor simbólico muy importante. Esta elección forma parte de lo que llamamos «estrategias de vinculación» de la madre, estrategias que se basan, entre otras cosas, en su sistema de creencias. Varias de las mujeres a las que hemos acompañado han puesto a sus hijos un nombre que significa un agradecimiento a Dios, o que el hijo representa un don de Dios o la realización de un deseo divino. En otras situaciones, la madre ha dado su propio nombre a su hijo, pasándolo al masculino si ha sido preciso, significando simbólicamente que el hijo ha nacido de ella sola, dejando de lado así la cuestión de la paternidad. El nombre del padre de la madre es otorgado a veces a un bebé, en el sentido de aliarle con un hombre «del lado materno».

Todavía no tenemos experiencia suficiente sobre estas situaciones para evaluar en qué medida estas «estrategias» han sido eficaces. Tan sólo podemos crear hipótesis con las que intentamos trabajar en el vínculo terapéutico que se instaura entre madre e hijo.

Estas situaciones retienen, desde luego, toda nuestra atención en la medida en que nos confrontan a los límites de nuestras representaciones sobre el «amor materno» y de lo que es psíquicamente elaborable para una persona, sea niño o mujer.

Los casos que hemos presentado nos permiten ilustrar el rol que la experiencia de apego juega en la protección de los niños mediante el buen trato: incluso si las familias han vivido experiencias límite, es la existencia del apego lo que permite la supervivencia del niño y la del adulto. Este apego, su fortalecimiento mediante las sesiones terapéuticas y el trabajo social son los elementos que garantizan unos cuidados «bientratantes» para el niño.

El apego es, desde luego, uno de los factores que hay que observar, y debe ser considerado como un indicador de buen trato; pero, sobre todo, es la fuente esencial de ese buen trato infantil.

2. LA OBSERVACIÓN DE LAS CAPACIDADES EMPÁTICAS DE LOS PADRES

Los trabajos de Stern (1985), que ha estudiado de forma microscópica las relaciones entre el niño y la madre, nos demuestran la importancia de las interacciones precoces, y en especial de las capacidades empáticas de la madre hacia su hijo. Según él, es así como se estructuran los cimientos de la vida afectiva de los niños.

Stern habla de un proceso de armonización que permite a la madre hacer saber a su hijo que está percibiendo lo que éste siente. Gracias a la experiencia repetida de este proceso, el bebé comienza a comprender que los otros tienen la capacidad y la voluntad de compartir sus sentimientos. Es en este contexto relacional que el bebé recibe las primeras experiencias de buen trato que le validan como persona.

Es evidente que los contextos de violencia y de exilio que trastocan la vida de las familias pueden alterar profundamente estos procesos de armonización.

Stern estableció que la ausencia prolongada de armonización entre el padre y el hijo sacude profundamente al niño desde el punto de vista afectivo. Si un padre no le manifiesta empatía al niño cuando éste manifiesta una emoción, el niño comienza a evitar la expresión de esta emoción y acaba incluso por no sentirla.

Es la repetición de innumerables momentos de «armonía» y de «desfase» lo que determina el tipo de relación que un individuo desarrollará en la edad adulta con los demás. Este factor es quizá más importante en el desarrollo de una persona que los sucesos más dramáticos que le sobrevengan durante su infancia.

Afortunadamente, las relaciones que mantenemos con los demás a lo largo de nuestra vida modifican sin cesar nuestro modelo de relación. Un desequilibrio en un momento dado puede, así, ser corregido posteriormente.

Por ello, la restauración o el mantenimiento de las capacidades de empatía del padre hacia el hijo es una de las finalidades primordiales de nuestras intervenciones.

3. LAS NECESIDADES DE LOS NIÑOS EN LA CULTURA DE LOS PADRES

Los otros ejes de nuestras investigaciones sobre la parentalidad bientratante son el estudio de los sistemas de creencias referentes al niño y a sus necesidades, los modelos de cuidados a la descendencia y las formas de participación en la red social según la cultura de los padres.

A medida que nuestra investigación avanzaba, se nos hizo cada vez más evidente que estos tres puntos son indisociables por lo interrelacionados que están. Son recursos extremadamente importantes en los que buscan apoyo todos los padres con el fin de mantener su relación con el niño y su tarea educativa.

Sin embargo, este proceso se convierte en algo terriblemente difícil debido a la guerra y a los conflictos interétnicos que asolan numerosos países, y que cortan el reflejo de la ayuda mutua y la solidaridad entre las personas. En muchos casos, ni el exilio permite escapar totalmente de esta dinámica, ya que las personas se enfrentan, en los países de acogida, a miembros de grupos étnicos o políticos «rivales».

Así, por ejemplo, un padre ruandés nos decía a este respecto:

«En cada ruandés puedo ver al que masacró a mi familia, y él puede pensar que fui yo quien asesinó a los suyos.»

Podemos imaginarnos la desazón de estas familias divididas entre sus representaciones de la parentalidad, tal como la presenta y fundamenta la comunidad, y su vivencia de persecución a cargo de esta misma comunidad.

Para los padres en el exilio, el acceso a estos recursos se ha convertido igualmente en algo muy difícil de acceder debido a la brecha existente entre las representaciones del país de origen y las del país de acogida.

Como nos decía una madre africana:

«En nuestro país se educa a un niño para tener siempre necesidad de los demás. Aquí, ustedes enseñan a sus hijos a vivir solos.»

Ella nos ilustraba esta idea tomando como ejemplo la manera de acunar a los niños: en África, si el bebé no está a la espalda de la madre o en su pecho, las demás mujeres de la familia o de la vecindad se turnan para acunarlo o llevarlo. En Europa, ella se había quedado boquiabierta al ver esas pequeñas mecedoras que acunan automáticamente a los bebés…

La mayoría de los participantes en el programa provienen de países donde el rol de la comunidad en la educación del niño, a lo largo de las diferentes etapas de su desarrollo, es muy importante.

La función de separación entre la madre y el niño, por ejemplo, no parece que en ciertas sociedades sea ejercida por el padre, sino por sus iguales. Una mujer zaireña nos explicaba que son los otros niños del pueblo los que atraen al pequeño fuera del regazo de su madre y lo incorporan a otro grupo de pertenencia, permitiéndole de esta manera experimentar periodos de separación de su madre que lo prepararán para el futuro.

En este caso se trata de la «función de tercero», ejercida por los iguales del niño y también por las iguales de la madre, las mujeres de su entorno, que la apoyan en esta separación al igual que en todos los momentos importantes de su vida de madre, gracias a su fuerte pertenencia al grupo de mujeres.

Otra joven madre africana nos contaba que, en su país, la madre apenas tenía tiempo de ver a su hijo para darle el pecho, hasta tal punto su hijo constituía un centro de interés para toda la comunidad.

Tal como hemos ya señalado, en el exilio estas mujeres están abocadas al aislamiento. Por primera vez tienen que convivir ellas solas las veinticuatro horas del día con su bebé, y muchas veces carecen de cualquier contacto social durante varios días:

Benjamina, de 2 años, es la quinta hija nacida durante el exilio. Su nombre lleva una parte de su historia, y el apodo cariñoso que le da su madre le recuerda que es la pequeña de una fratría. Su padre, sus hermanos y sus hermanas desaparecieron en circunstancias trágicas y todo nos lleva a pensar que han sido asesinados. La madre, embarazada en aquel momento, fue gravemente maltratada. Estaba convencida de que su hija nacería muerta y considera su llegada al mundo como un milagro.

Esta mujer, a pesar de su trágica historia, no se muestra deprimida: está sonriente y su hijita le hace con frecuencia reír.

La única cosa de la que se queja durante las sesiones, y de manera repetitiva, es de la falta de apetito de la niña.

Al ser interrogada sobre las causas que ella supone que puedan originar que la niña no coma, ella lo atribuye a la diferencia de comida y al clima belga.

Un día, durante una entrevista, Benjamina se pone a lloriquear y busca el pecho de su madre. No era la primera vez que pasaba, pero no se le había dado importancia.

Esta vez, la terapeuta dijo simplemente: «Tiene ganas de mamar». La madre pareció molesta y dijo que su hija no debería seguir mamando, pero que no lograba destetarla.

Al ser preguntada sobre la forma en que se desteta a los niños en su país, explicó que no era la madre quien debía decir «no» a su hijo, sino el hijo quien debía decir «no» a su madre. Los demás adultos tienen una función importante en la medida en que desaniman al niño a seguir mamando burlándose de él. Viene entonces un periodo durante el cual la madre acepta amamantar a su hijo a escondidas de los demás adultos. Luego, la vergüenza que siente le ayuda a entender que es demasiado mayor para eso y él mismo «lo deja». Según la madre de Benjamina, esta forma permite preservar la relación materno-filial, ya que «no es bueno que el niño se enfade con su madre».

Sola en Bélgica, sin contacto con su comunidad, la madre se preguntaba quién le ayudaría a destetar a su hija protegiendo al mismo tiempo la relación.

A esto se le añadía el hecho de que a la madre le era especialmente difícil destetar a su hija, ya que nunca había tenido antes la posibilidad de amamantar a sus hijos durante el tiempo suficiente. Nos explicó que había rezado mucho para tener suficiente leche para Benjamina y consideraba ese amamantamiento prolongado como un regalo del cielo. Por otro lado, ese amamantamiento había contribuido de forma muy importante a la supervivencia de la niña durante el largo viaje hacia el exilio. ¿Cómo romper ese lazo tan íntimo con un hijo que ha escapado a la muerte, y que es vivido como el último hijo por parte de una mujer que ha perdido a su marido y sus otros hijos y vive lejos de cualquier punto de referencia familiar?

En nuestro enfoque, consideramos el espacio de la sesión como un lugar de intercambio intercultural. Por ello, cuando se trata de evaluar, por ejemplo, cómo han ido las diferentes etapas del desarrollo del niño (el destete, la adquisición de hábitos de limpieza, el comienzo de la escolaridad, etcétera), les preguntamos a las madres: «¿Cómo suele hacerse esto en su país?». Nuestra intención es facilitar la conversación sobre nuestras representaciones «culturales» de estas diferentes etapas. Nuestras conversaciones se refieren igualmente a nuestras representaciones de la cultura del otro: cómo imagina cada uno –paciente y terapeuta– qué sucede en el país del otro. Intentamos así introducir intercambios en relación con las representaciones de cada uno, y abrir así un espacio transicional cultural.

En estos espacios donde las culturas dialogan, las personas que nos ayudan como intérpretes tienen una gran importancia como «mediadores culturales». El siguiente ejemplo permite ilustrar la importancia de esta función:

Terry, hijo único, tiene 4 años y vive con su madre en un centro de acogida para madres e hijos. Su padre desapareció en su país de origen, pero, al no haber aparecido su cuerpo, la madre no cree que haya muerto a pesar de algunos testimonios que así lo atestiguan.

Muy depresiva, focaliza su ansiedad sobre todo en la salud de Terry.

Durante una entrevista, explica que se levanta cada noche cuatro veces para tapar a su hijo por miedo a que se enfríe y enferme. Entonces se dirige a la intérprete y le pregunta si su hijo también se destapa durante la noche.

A partir de ahí se inicia una conversación en la que la intérprete entra de lleno al aceptar compartir su experiencia de madre.

Es en esta sesión cuando, por primera vez, la madre de Terry relaciona su ansiedad con su sentimiento de inmensa soledad y su incapacidad para aceptar la muerte de su marido.

Durante toda la entrevista, Terry se muestra por primera vez totalmente vivo y activo.

Uno de los objetivos de este trabajo de verbalización es apoyar una plasticidad estructural que permita conservar ciertos componentes de la cultura, y también cambiar algunos de esos componentes por otros más adecuados al nuevo contexto. Es lo que nosotros llamamos «proceso de integración crítica»* (Barudy, J., 1985). Nuestro principal objetivo es apoyar que el niño disfrute toda la riqueza de esa «doble pertenencia» cultural y no lo viva como dos modelos rivales que se enfrentan y se anulan entre sí.

El ejemplo de nuestro trabajo con la familia de Michel permite ilustrar nuestro método de trabajo en ese aspecto:

Desde el principio estuvimos preocupados por Michel (de 4 meses) y su madre, ya que nos inquietaba el estado psíquico y físico de ella. Procedía de una familia «mezclada» y poseía hasta cuatro pertenencias diferentes: era a la vez zaireña,

---

* Entendemos por *integración crítica* la posibilidad que tiene una persona de elegir entre los valores o los modos de ser de su cultura de origen y los del país de acogida, lo que quiere guardar o adoptar y lo que acabará dejando de lado.

ruandesa, hutu y tutsi. Durante los episodios de violencia organizada, sus diferentes orígenes étnicos le expusieron a la violencia de todas las facciones en liza, y sufrió tortura y violación en varias ocasiones. Vivió igualmente la masacre de gran parte de su familia.

A su llegada a Bélgica, muy debilitada físicamente, vivía con el temor de volverse loca. Se quejaba de insomnio, de dolores de cabeza y, sobre todo, de problemas de memoria: se lamentaba de que solía olvidar si había alimentado ya a su hijo o no. Su vida diaria estaba contaminada por las reminiscencias, que la devolvían en todo momento a las experiencias traumáticas que había sufrido en el pasado y la sumían en un estado de estupor. Su vivencia del presente era una innumerable sucesión de flash-backs que le impedían hacer frente al desafío de su adaptación en Bélgica.

Contrariamente a muchas personas traumatizadas que tienen grandes dificultades para explicar su historia, ella parecía tener una necesidad imperiosa de hablar, de decir lo que le había sucedido y de ser escuchada.

Muy preocupados por sus capacidades para ocuparse de un niño tan pequeño que, además, era su primer hijo, le propusimos que fuera a vivir a un centro de acogida para madres e hijos.

Saber que existía tal posibilidad la tranquilizó, pero antes de llegar a ese extremo prefería intentar mantener su autonomía. Le pidió a una amiga que fuera a vivir con ella durante una temporada: esta mujer, que era madre, le apoyó enormemente con su presencia y sus consejos.

Simultáneamente, la madre de Michel estableció una relación de confianza con las instituciones del país de acogida, y especialmente con las enfermeras y la médica de la consulta pediátrica de su barrio. No dudó en utilizar este recurso, reconociendo así que la cultura belga también podía aportarle algo bueno para su hijo.

Esta mujer nos emocionó por su capacidad para pedir ayuda y confiar en los profesionales, a pesar de la violencia que había tenido que sufrir.

Observamos igualmente una serie de representaciones, provenientes de su cultura de origen, que la mantenían en su rol de madre a pesar de la trágica historia que había tenido que sufrir.

Sus creencias religiosas fueron uno de los pilares básicos en los que se fundamentó su resiliencia. Puso a su hijo el nombre de Michel porque creía recordar que en la Biblia aparece un Miguel que aniquila el Mal.

Aprovechó las sesiones para hablar mucho con su hijo, y estaba convencida de que él tenía la capacidad para comprenderla. Creía que debía aprovechar este momento para explicarle su historia, ya que, cuando él comenzara a hablar, perdería parte de sus capacidades para «escuchar todo».

Aunque, en nuestra opinión, es importante reconocer las diferencias culturales, lo verdaderamente esencial es ser capaz de tender puentes entre prácticas y representaciones a priori tan diferentes. Ello exige una especie de trabajo de traducción y de reencuadre por nuestra parte. A través de nuestras intervenciones intentamos ofrecer un clima de profundo respeto hacia la cultura de cualquier persona. Partimos de la idea de que en cada individuo, en cada familia o en cada comunidad se representa el mundo con unas referencias propias. Si ofrecemos un espacio de conversación en un ambiente de respeto y de confianza, podemos asistir a un verdadero proceso de fusión de culturas. En nuestra práctica, promovemos encuentros en los que preguntamos sobre esas representaciones y también hacemos que nos pregunten a nosotros por las nuestras. Aunque muchas veces preguntamos «¿cómo hacen ustedes esto en su país?» también sucede a menudo que les expliquemos que en nuestra cultura, con nuestra visión de las cosas, nosotros lo hacemos de esta o de aquella otra manera. También puede pasar que formulemos a los participantes comentarios tales como: «Con mis propias referencias y con mi historia de mujer (o de hombre) europea o latinoamericana, lo que usted me dice me lleva a pensar lo siguiente…».

En la historia precedente, por ejemplo, intercambiamos muchas veces nuestras visiones del mundo, sobre todo en lo referente a las necesidades y a los cuidados que hay que brindar a los hijos. Una parte de las creencias que mantenían la relación de esta mujer con su hijo coincidían con las nuestras. Ello nos permitió un espacio de representaciones comunes en relación con el buen trato infantil. Conservando cada uno nuestra singularidad, este consenso reforzaba nuestros vínculos afectivos y mejoraba nuestra colaboración.

4. La participación en la red comunitaria

Tal y como hemos señalado varias veces, la situación de ruptura de contexto provoca el estallido del cuerpo social de la familia, que busca, naturalmente, «retribalizarse». Uno de los ejes de nuestra intervención es facilitar la aparición de un tejido social de substitución. Entendemos por «tejido social» la comunidad, es decir, el conjunto constituido por la red en primera línea (familia, amigos, vecindad) y la red en segunda línea (profesionales médico-psicosociales, profesorado, etcétera).

En la situación vivida por las familias exiliadas, podemos observar que la red secundaria pasa al lugar destinado normalmente a la red primaria: en ausencia de lazos familiares o de amistad, las relaciones establecidas con los profesionales de ayuda ocupan el lugar principal, al menos temporalmente.

Hemos observado que, entre los profesionales que rodean a la familia junto a nosotros, algunos aceptan ser considerados como una parte de la «red afectiva» de una familia. Por ejemplo, una trabajadora social del CPAS (Centro Público de Asistencia Social) de un pueblecito belga se convirtió en la «abuela» de una niñita ruandesa que vivía en Bélgica sola con su madre; del mismo modo, un educador que trabajaba en un centro de acogida había sido adoptado como «tío» por los hijos de una familia de Kosovo.

Estos profesionales, que se han implicado en un lazo más afectivo con las familias, han entendido que les apoyan también al haber aceptado ser los sustitutos de una parte de la familia perdida. Estas personas se han convertido en facilitadores de los procesos de integración y en una importante fuente de apoyo social para esas familias.

Los problemas se nos han presentado cuando algunos de estos profesionales han olvidado que se trataba de una «substitución transicional» y han empezado a creerse un miembro más de la familia, en especial, manifestando exigencias.

El concepto de «estructuras disipativas» (Prigogine, I., 1980) nos ayuda a comprender el fenómeno expuesto como una tentativa de la familia en el exilio para organizar el caos. En efecto, se habla de «estructuras disipativas» para denominar las estructuras que no existían antes de la crisis y que se han creado *ex profeso* durante un momento de desorganización. Se trata de una reestructuración de la red relacional a partir de las nuevas interacciones que surgen de ese caos.

Algunas de estas estructuras están llamadas a perdurar; otras se extinguirán cuando ya no sean necesarias o al ser sustituidas por otras.

Sus funciones son, no obstante, esenciales en situaciones de crisis y de desorganización.

Nos parece de una gran importancia respetar las respuestas naturales y espontáneas creadas por las familias de refugiados y quienes les rodean. Estas «estructuras disipativas» intermedias permiten la paulatina reconstrucción de una comunidad «natural»:

Así, esta familia de Kosovo pidió que el «educador-tío» asistiera a las primeras sesiones de terapia familiar. La familia había sido derivada a nuestro centro porque los hijos tenían problemas de conducta y de sueño. Por su parte, los padres tenían dificultades para ponerles límites a sus hijos. En los intercambios con la familia, el educador jugó el rol de «tío», apoyando a los padres con su escucha activa y sus consejos. Cuando la familia dejó el centro de acogida donde él trabajaba, una pequeña fiesta ritualizó el fin de la relación profesional. Todos pudieron decir que no sabían cómo iba a evolucionar la relación de ahora en adelante, pero también pudieron reconocer todo lo que el otro les había aportado. La familia invitó al «tío» a visitarla y este aceptó. Estamos convencidos de que esta persona contribuyó enormemente a la integración de esa familia, no solamente por lo que les pudo aportar profesionalmente, sino también, y sobre todo, por lo que esta persona dio de sí misma en el encuentro intercultural.

Se trataba de la primera persona perteneciente al país de acogida con la que los miembros de la familia pudieron establecer una relación cálida y de simpatía mutua, y entrever así la posibilidad de que tales vínculos se establecieran con otras personas en Bélgica. Es interesante notar que este educador formaba parte de la emigración italiana, y que esta «cualidad» le permitió ejercer esa función de «mediador cultural».

Mediante estos casos, hemos intentado demostrar cómo el espacio terapéutico destina un tiempo para poner en palabras la brecha existente entre el país de origen y el país de acogida en relación con las representaciones del niño y de la parentalidad, con el objetivo de mantener, gracias a esta verbalización, una plasticidad estructural favorecedora de la «integración crítica» (Barudy, J., 1989).

Este espacio está concebido también como un espacio cultural transicional en el seno del cual el trabajo de elaboración va dirigido esencialmente a los vínculos: vínculos entre los miembros de la familia, tanto los presentes como los ausentes; vínculos con la comunidad de pertenencia y con la comunidad de acogida; vínculos entre los participantes en el programa y los profesionales; vínculos entre la historia pasada y la vivencia actual.

LAS DIFERENTES MANERAS DE CONSERVAR EL BUEN TRATO EN UNA SITUACIÓN EXTREMA COMO EL EXILIO

El mapa no es el territorio

Nuestro desafío permanente como clínicos-investigadores ha sido dar cuenta de la singularidad de un «caso», de una historia de vida y de las formas muy particulares que hay de enfrentarse a la adversidad y, al mismo tiempo, conseguir generalizar nuestras observaciones, «clasificarlas» con el fin de extraer conclusiones más generales y poder compartirlas.

Para nosotros se trata ahora de comunicar nuestras observaciones de forma estructurada, con el objetivo de transmitir algunas de las líneas-guía que apoyan nuestras intervenciones.

Nuestras observaciones participativas sobre la calidad de las relaciones paterno-filiales nos han permitido distinguir cuatro situaciones-tipo. Esta diferenciación nos ha permitido discernir cuáles son los factores que determinan que algunos padres, vinculados con la violencia y las rupturas de contexto ya descritas, presenten en la relación con sus hijos modos de adaptación bientratantes o maltratantes. También hemos podido establecer criterios de intervención para cada tipo de situación.

Describiremos asimismo una tipología de cuatro modos adaptativos de relación de los padres con respecto a sus hijos, insistiendo en el hecho de que los modelos derivados de una práctica clínica son *sólo modelos* y que, como los mapas, los utilizamos para situarnos en territorios desconocidos.

El mapa no es jamás el territorio: nos permite situarnos, orientarnos, pero jamás nos hará sentir la poesía, el ambiente particular, la originalidad de un lugar. Como máximo, podemos soñar, imaginárnoslo al preparar el viaje.

Una vez sobre el terreno, empieza la aventura, y las nuevas personas que vamos conociendo nos guían y, afortunadamente, nos hacen olvidarnos del mapa.

Nuestros modelos no deben ser jamás utilizados para fijar a las personas en un diagnóstico reductor y estigmatizante.

Es importante precisar que, a veces, hemos tenido dificultades para situar a ciertos padres en un grupo u otro. Algunas familias han ido pasando de un grupo al otro a medida que ha ido avanzando nuestro trabajo con ellos. Nuestros «mapas» presentan, pues, la originalidad de tener fronteras un poco etéreas y permeables.

La enorme diversidad cultural de padres provenientes de más de cuarenta países diferentes, la singularidad de cada trayectoria de vida, la ruptura introducida por el trauma de la guerra y del exilio, nos conducen mucho más lejos que cualquier enfoque «normativo» de las competencias parentales.

Éstas se refieren a las capacidades que tienen los padres para cuidar, proteger y educar a sus hijos asegurándoles un desarrollo sano. No están congeladas, sino que son dinámicas y evolucionan en función de los elementos contextuales negativos (como la denegación del permiso de residencia en el país, las dificultades sociales o el racismo) o positivos (como los reencuentros con alguno de los miembros de la familia, las experiencias de acogida solidaria o la concesión del estatuto de refugiado político).

Con mayor intensidad que en cualquier otro caso, las situaciones de violencia organizada y de exilio imponen a los padres una gran plasticidad. Sus modelos deben ser capaces de evolucionar, no solamente en función de la edad del hijo, sino también de los diferentes contextos que la familia debe atravesar: la guerra o la persecución, la huida, el descubrimiento de un país con normas y costumbres diferentes.

Por nuestra parte, hemos escogido destacar y estructurar los resultados de nuestras observaciones a partir de dos componentes esenciales de las competencias parentales que son observables en todas las situaciones: el *nivel de empatía* de los padres y el *tipo de apego* del hijo.

Asimismo, hemos intercambiado nuestros resultados para evidenciar el impacto del nivel de empatía de los padres sobre el tipo de apego manifestado por los hijos.

La evaluación de estos dos factores es compleja: hemos realizado observaciones en diferentes momentos, y hemos compartido estas observaciones en nuestras reuniones de equipo.

Hemos utilizado observaciones realizadas en la consulta, en el domicilio, en los talleres para niños y en los grupos de madres e hijos.

El trabajo realizado en la consulta psicosocial o en la psicoterapia nos ha permitido, igualmente, acceder a la historia de la madre y de la relación que tiene con su hijo, así como a las condiciones actuales de su vida, con lo que hemos podido, así, resituar nuestras observaciones en un contexto afectivo, relacional y material que les dé un sentido.

La evaluación ha sido siempre el resultado de los intercambios de opiniones de al menos dos profesionales que estuvieran en contacto regular con la familia.

Las reflexiones del equipo nos han permitido igualmente validar los juicios de los terapeutas.

A la vez que presentamos nuestra tipología, daremos testimonio sobre la manera en que las familias caminan –o han caminado– durante este trabajo. También expondremos nuestros modelos de intervención para los cuatro tipos de respuesta familiar que hemos encontrado. Nuestras intervenciones han evolucionado también a lo largo del tiempo, y seguirán, sin duda, evolucionando.

1. Conservación del buen trato y «resistencia resiliente» de los padres

El primer grupo que hemos diferenciado lo constituyen los padres cuyas competencias han sido preservadas a pesar de las dificultades vividas.

En estos padres no hemos observado comportamientos inadecuados hacia sus hijos, ni en sus prácticas de cuidados ni en la empatía manifestada.

Hemos constatado que un 31,5% de los padres participantes en el programa de la investigación-acción pertenecen a este grupo.

Si ponemos en correlación la pertenencia a este grupo con el tipo de apego observado en el niño, constatamos que el 100% de los hijos de estos padres presentan un apego seguro.

Estos padres traen consigo inquietudes y preguntas sobre el desarrollo de sus hijos, piden un espacio para hablar, tanto para ellos mismos como para sus hijos, y buscan un acompañamiento social que facilite su integración y la reconstrucción de sus vínculos.

Milena y su bebé, una dicha resiliente

Las vidas de la señora Milena y su bebé cambiaron totalmente cuando su familia fue asesinada durante la guerra civil.

Esta mujer, separada del padre de sus hijos, tuvo que afrontar ella sola la muerte de su hija mayor, de 6 años, y conoció, junto con su bebé de meses, la experiencia de tener que esconderse y huir en condiciones muy difíciles, así como la pérdida repentina de todas sus referencias familiares.

La petición

La madre estaba preocupada por su hija:

«María era otra niña antes de la masacre. Iba mucho más con los demás, estaba radiante. Tenía su lugar en la familia.»

La niña, de 18 meses, se mostraba temerosa, siempre «pegada» a su madre.

El trabajo terapéutico

A menudo, durante las sesiones, la niña se sentía atraída por un juguete que estaba en el suelo. Intentaba alcanzarlo, pero se daba cuenta de que para ello debía alejarse algunos pasos de su madre. Se volvía entonces hacia ella, la llamaba y le señalaba con el dedo el objeto. La madre tomaba el juguete y se lo daba a su hija.

Al principio, animábamos a María a desplazarse ella misma para obtener lo que le interesaba y explorar el espacio, pero sin éxito.

Empezamos entonces a acercarle nosotros mismos los objetos que deseaba para crear algún tipo de interacción con ella.

Paulatinamente, mediante juegos con la mirada, empezó a interactuar con nosotros, y posteriormente empezó a acercarse.

Este proceso nos llevó varios meses.

Su madre nos lo explicó:

«Hemos creado un sistema de protección mutua: si una se aleja, la otra se preocupa, y al revés.»

Le dimos un sentido positivo a esta vinculación de aspecto fusional: les había permitido a ambas sobrevivir durante la catástrofe y la consiguiente huida. Además, le daba un sentido a la vida y al futuro.

Para la niña, este tipo de apego –que tenía un valor adaptativo– le permitía explorar un entorno potencialmente peligroso con un vínculo seguro.

Esta mujer se sentía terriblemente culpabilizada por el hecho de no haber podido proteger a su hija mayor:

«*No merezco vivir. Si no fuera por María, me hubiera quedado allí para morir. Es ella quien me ha ayudado a soportar este periodo. Es mi única razón de vivir.*»

Poco a poco pudo compartir con nosotros los recuerdos de su difunta hija y hablar de ella delante de María, que la escuchaba atentamente.

Pudimos observar frecuentemente sus capacidades de empatía hacia el sufrimiento de María:

«*Seguro que se siente sola. Su hermana se ocupaba y jugaba mucho con ella. ¡También María ha perdido a alguien muy importante!*»

«*Me pregunto si recuerda lo que hemos vivido. ¡Espero que lo haya olvidado!*»

El sufrimiento por haber perdido a su familia y su comunidad de pertenencia era muy importante para esta mujer, y ello se manifestaba, entre otras formas, mediante un doloroso sentimiento de inutilidad y de vergüenza.

Muy pronto empezó a relacionarse, a «reconstruir una familia» con otras familias de refugiados, con los propietarios de su piso, con un señor mayor que estaba solo y a quien ella ayudaba, y que se había convertido, de alguna manera, en el «abuelo» de María.

Se inquietaba por el sentimiento de pertenencia que pudiera desarrollar su hija en este país extranjero.

Los contactos con su comunidad de origen le generaban, de todas maneras, algunas dudas: temía tener que enfrentarse a miembros del grupo rival, y también enterarse de malas noticias procedentes de su lugar de origen:

«*Es mejor no saber nada y seguir viviendo.*»

No obstante, tampoco se sentía aceptada por la comunidad belga, y temía que sus experiencias dolorosas no fueran reconocidas.

Trabajamos mucho con ella el intercambio de representaciones culturales, tanto sobre la importancia de la familia como sobre el lugar de cada uno de los miembros en ella, la pertenencia a una comunidad, el trabajo, etcétera.

Formó una nueva pareja con un hombre que, a su vez, había perdido a su mujer y se había quedado solo con una niña de la edad de su difunta hija. La presencia de esta niña tenía un efecto tranquilizador: la niña le había hablado sobre la muerte de su madre, y ella le había podido hablar de la muerte de su hija. Sentimos que se trataba de una adopción recíproca, cuyos efectos podían ser reparadores para una y otra parte. La madre nos dijo también que, así, María recobraba una hermana.

A lo largo de este acompañamiento pudimos observar la buena evolución de María: el aprendizaje del control de esfínteres, el acceso al lenguaje y los principios de la autonomía. Se dedicaron varias sesiones a la preparación del inicio de la escolaridad de la niña.

El trabajo de acompañamiento de la señora Milena y de María consistió esencialmente en sesiones regulares madre-hija, que duraron algo más de un año.

Poco a poco fuimos disminuyendo la frecuencia de las sesiones a petición de la propia madre. Durante un tiempo nos llamaba de vez en cuando por teléfono para contarnos cómo seguían.

Esta madre y su hija nos enseñaron mucho sobre los mecanismos de la resiliencia, y en especial sobre el mantenimiento de las competencias parentales en situaciones extremadamente difíciles.

Quedamos impresionados por la capacidad de esta mujer para verbalizar las experiencias de su vida e intentar darle un sentido a su supervivencia, en especial gracias a su ética personal sobre las relaciones entre los seres humanos: una ética basada en el sentido de la justicia, la paz y la protección de los más débiles, y de los niños en particular.

Su capacidad para crear vínculos nos indica que, probablemente, ella había vivido anteriormente experiencias de vinculación sanas y sólidas. Fuimos testigos de su creatividad en este terreno, lo que le permitió reconstruir una pareja, una familia y una comunidad de pertenencia.

Un día nos dijo que venía a Exil tanto por ella como por nosotros: nosotros le ofrecíamos un espacio de encuentro y para hablar, y ella nos ofrecía, como regalo, compartir con nosotros la riqueza de su trayectoria de vida.

2. La fragilización del buen trato a causa de los factores contextuales

El segundo grupo que diferenciamos lo constituyen los padres que habían sido competentes antes de la catástrofe, y en los que hemos observado periodos de incompetencia transitorios ligados a las rupturas de contexto.

El acceso a la competencia parental está obstaculizado por factores contextuales (tales como un trastorno de estrés postraumático o una reacción depresiva como consecuencia de una mala noticia) que impiden aflorar los sentimientos de empatía hacia el hijo. El caos y las múltiples amenazas crean lagunas en las prácticas de cuidados a los niños, ya que las madres, especialmente aquellas que se hallan en una situación de monoparentalidad, pasan por periodos de agotamiento o de desbordamiento.

Estas características se dan en el 38,5% de los padres que han participado en nuestra investigación.

En el 52% de los hijos de estas familias hemos observado un apego seguro. El resto ha presentado problemas de apego.

Se trata del grupo más dinámico, en el sentido de que hemos observado evoluciones muy favorables durante el periodo de trabajo realizado con estas familias.

> **Kim y sus padres: cuando las experiencias exógenas perturban el acceso a la parentalidad.**

La demanda

En el primer encuentro, los padres se presentaron con sus dos hijos: Kim, de 4 años, y su hermana Ana, de 20 meses.

Los niños se instalan espontáneamente en el «círculo» sentándose en sillitas, y parecen estar desde el principio muy atentos.

El padre toma la palabra:

> *«La razón de nuestra presencia aquí es ayudar a Kim.»*

Kim es nuestra prioridad, aunque nosotros también necesitamos ayuda.

Kim nació en el exilio, en un país fronterizo con el nuestro. Somos refugiados.

El problema de Kim no es que sea alarmante, pero tiene comportamientos que nos parecen raros. Nos preguntamos realmente si es normal para un niño de su edad, o si se debe a los hechos que tuvo que vivir.

A Kim también le tocó su parte de desdicha; tuvo que compartirla con nosotros.

Los hechos se remontan a finales de 1997; Kim tenía entonces 18 meses. Asistió a algunas escenas… Nos vio realmente pasar grandes penalidades: los militares violaban y mataban. Él mismo fue golpeado.

Sufrió también malos tratos por nuestra parte, pero fueron involuntarios. Habíamos decidido alojarnos en un contenedor abandonado: le amordazábamos la boca para salvarlo, le impedíamos jugar.

Mi mujer estaba en un estado deplorable, y yo no estaba mejor.

Nos preguntamos si realmente se acuerda de algo de todo aquello.»

Como el niño está muy atento, le pasamos la pregunta directamente a él, y Kim nos dice claramente:

«Sí, me acuerdo perfectamente.»

Los padres parecen dudar:

«Nunca se sabe de qué se acuerda un niño.»

El padre añade:

«A veces hace cosas raras: cuando duerme se pega con la cabeza contra el colchón, y hay que despertarlo un montón de veces todas las noches.

Otras veces se queda mudo durante varias horas. Le hablamos y ni nos contesta… Parece estar en la luna. (…)

Pasa de la alegría a la agresividad sin motivo.

Es muy violento conmigo, con su madre y con su hermana.

Tiene ganas de pelearse, de enfadarse cuando se le pide cualquier cosa. Tenemos que enfrentarnos a sus enfados.»

Preguntamos sobre la escuela:

«Al principio, no se concentraba nada. Empezaba, luego lo dejaba y al final lo abandonaba.

La maestra nos dijo en una evaluación que era distraído y agresivo.

Le explicamos su pasado y dijo que lo tendría en cuenta.

De todas formas, desde que está en contacto con otros niños notamos que se han dado en él cambios notables.»

Durante toda la entrevista, Kim está tranquilo. Juega junto con su hermana con unos juguetes que ha encontrado en la sala.

Se pasea entre sus padres.

En su forma de exponer la situación, el padre subraya su inexperiencia, así como la de su esposa:

«No puedo decir que no estuviéramos preparados para ser padres, pero éramos muy jóvenes. Nos casamos y, pocos días después, el cielo se nos vino encima: ¡éramos nosotros los que necesitábamos a un padre cuando tuvimos a nuestro hijo! No comprendemos sus reacciones.»

A causa de la brutal ruptura de contexto provocada por la guerra, esta pareja no se benefició del apoyo de la familia extensa y, en especial, del apoyo de los abuelos. Además, como la comunidad había estallado en mil pedazos, ya no era capaz de ofrecer una contención a los jóvenes padres.

Estos padres, expuestos a la violencia, confrontados a su propia muerte, se vieron incapaces de proteger a su hijo.

La exigencia de supervivencia «suspendió» el resto de funciones, acaparando toda la energía física y psíquica.

Los inicios de la relación con su hijo estuvieron marcados por la extrañeza: estos padres no pudieron servirse de sus propias referencias para criar a su hijo:

«Tiene conductas raras que nos parecen extrañas (…). Por la noche está agitado. Se despierta y habla en la lengua del país en el que nació.» (Los padres se refieren al primer país donde se refugió la familia.)

Se ve que construir una relación de familiaridad con este hijo en un contexto tal de ruptura y de «extrañeza» había sido difícil para estos padres.

El trabajo terapéutico

El trabajo se realizó en diferentes planos:

A nivel de los padres: el padre pidió apoyo e iniciamos sesiones de trabajo de pareja. Los padres pudieron verbalizar su historia y hablar de su propio sufrimiento.

A nivel del niño: invitamos a Kim a participar en los talleres de los miércoles por la tarde, con el objetivo de observarlo en un marco diferente para poder hacer un diagnóstico y seguir con nuestro trabajo terapéutico.

A nivel social: los padres fueron apoyados especialmente a la hora de buscar un nuevo alojamiento y una guardería para la pequeña y para obtener el estatuto de refugiados políticos.

Los ejes del acompañamiento terapéutico

En todas estas historias, nos parece esencial reconocer el regalo que las personas participantes en el programa nos hacen al contarnos sus vidas y pedirnos ayuda.

Estas personas, al dirigirse a nosotros, nos dan acceso a una experiencia muy íntima, como es la de enfrentarse a la muerte, y a sus reacciones en aquellas situaciones extremas.

No tenemos la posibilidad de regalarles palabras equivalentes. Por ello, lo menos que podemos hacer es considerar que estas palabras son un regalo y darles las gracias, por ejemplo, por la confianza depositada y por la experiencia que nos han transmitido. Aunque este agradecimiento contiene el reconocimiento del otro como ser humano, debemos reconocerles también a los padres, de una forma explícita, las diferentes estrategias que han utilizado para proteger sus vidas y las de su descendencia. Esto nos parece de primordial importancia para ofrecer un ambiente humano reparador a aquellos cuya propia humanidad ha sido objeto de una tentativa fracasada de destrucción. Debemos siempre recordar que la violencia organizada es el resultado de la acción de «humanos deshumanizados» que, a partir de sus creencias, desarrollan prácticas destinadas a destruir a otros seres humanos. En este sentido, explicitar a las víctimas nuestra solidaridad por lo injusto de sus sufrimientos y reconocer las fuentes de resistencia que les han permitido sobrevivir y salvar a los suyos es profundamente terapéutico. He aquí los ejes que dirigen nuestras intervenciones en este sentido:

Reconocer el sufrimiento y la injusticia

Ante estos relatos, el terapeuta no puede permanecer neutral, no puede sino comprometerse contra la injusticia sufrida y reconocer la causa violenta del sufrimiento infligido.

Reconocer los esfuerzos que han conducido a la supervivencia y nombrar y reforzar, así, los recursos familiares

Se trata primero de reconocer que los síntomas descritos o los comportamientos relatados no son patológicos, sino que son reacciones normales frente a situaciones anormales.

Por ejemplo, en el caso de la familia de Kim, nos pareció importante co-construir junto con los padres otra versión que incorporara la idea de que los síntomas del niño eran reacciones normales a situaciones anormales. Les ayudamos a comprender que su hijo manifestaba su sufrimiento con el lenguaje propio de los niños. Los padres pudieron integrar que los niños tienen una memoria propia de los sucesos que difiere de la de los adultos.

Una forma de reconocer sus esfuerzos como padres fue señalarles que los hechos pasados, incluso si habían hecho sufrir a los niños, se habían producido en un momento de crisis extrema y que sin duda contribuyeron *también* a salvar a toda la familia. Los comportamientos descritos por el padre como maltrato infligido por ellos hacia la persona de su hijo cambiaron de significado: su objetivo era proteger al niño.

Además, les hicimos notar que las preguntas que se hacían sobre su hijo mostraban hasta qué punto estaban atentos a su desarrollo, a su bienestar, reconociendo al mismo tiempo que si su hijo se desarrollaba bien físicamente, adaptándose y progresando en la escuela, era porque ellos seguían siendo buenos padres. Nuestras intervenciones tranquilizaron a esos padres. Lo que en principio parecía ser el motivo de la consulta (la culpabilidad sentida por la pareja) pudo ser elaborada en conjunto. Así, el temor de que el niño tuviera secuelas, y también la culpabilidad del padre, que se había visto en la imposibilidad de proteger a su hijo y a su esposa, cedió paso al reconocimiento de haber sido víctima de una injusticia atroz. Como consecuencia de ello, el padre, y después la madre, pudieron abordar sus propios sufrimientos, abandonando su focalización totalmente culpabilizante sobre su hijo.

Ofrecer ayuda al niño, y también a sus padres

En esta situación, el padre nos permitió ofrecerle ayuda, no sólo para su hijo, sino también para ellos.

Muchas veces aludía a su precariedad y a su sufrimiento:

«Kim es nuestra prioridad, pero también nosotros necesitamos ayuda.»

Respetamos el hecho de que los padres designaran a su segunda hija como «sin problemas, ya que nació aquí»; incluso si pensamos que esta segunda hija está, desde luego, marcada también por la experiencia de sus padres y de su hermano, de momento no hay que incidir en ello, porque esta hija «sin problemas» quizá representa también una parte sana, no contaminada de esta familia, y una esperanza depositada en su vida y su futuro.

La historia de Kim y de sus padres es interesante en la medida en que nos muestra cómo una situación de crisis contextual puede inducir una forma de maltrato que podemos calificar como «adaptativa».

El acceso al sufrimiento psíquico está «congelado» durante los momentos de crisis extremas, tanto el acceso del adulto a su propio sufrimiento como su acceso al sufrimiento del niño. Pero, tras la crisis, los padres piden ayuda para el niño, ya que las capacidades de empatía han quedado suspendidas a causa de la exigencia de supervivencia, aunque no destruidas.

Podemos unir esta situación extrema con ciertas formas transitorias de negligencia o de maltrato que observamos en situaciones de estrés importante: las necesidades normales del niño no pueden ser tenidas en cuenta, su forma de expresarse no puede ser escuchada. Su misma presencia es vivida en esos momentos como una carga, un estorbo, una amenaza. En este contexto, el niño corre el riesgo de convertirse en el frontón para la proyección de las frustraciones y las angustias de su padre o su madre.

Queremos insistir aquí en la importancia de las condiciones de vida de esas familias, ya que pueden ayudar tanto a aligerar como a agravar sus sufrimientos. En este caso, la familia fue mal recibida en el país de acogida. Sin tener en cuenta todas las trampas burocráticas en las que debieron demostrar que su drama había sido real, debieron permanecer largo tiempo en un centro de acogida, donde la ausencia de autonomía y de intimidad constituyen un factor de estrés importante que puede tener como consecuencia unas relaciones y unos comportamientos inadecuados.

Evidentemente, nos preocupan las familias que viven en esos centros cerrados: creemos que constituye un desprecio a los derechos fundamentales de la persona privarles de libertad sin que hayan cometido ningún delito, cometiéndose un grave atentado a sus derechos fundamentales. Esta forma de violencia puede desestabilizar rápidamente a una familia. La restricción del espacio vital, la angustia de un futuro incierto, son factores que pueden conducir a la pérdida de los mecanismos reguladores de la agresividad, generando las diferentes formas de violencia agresiva (Barudy, J., 1998).

La particularidad de este segundo grupo analizado es que la situación de maltrato es transitoria. Los padres son conscientes de sus dificultades, reconocen que están desbordados y piden ayuda.

Podemos suponer que estos padres tenían, antes de los sucesos catastróficos que han trastocado su vida, buenas competencias parentales, y especialmente un buen nivel de empatía hacia sus hijos.

Una característica de estos padres es que son capaces de pedir ayuda –a los profesionales y también a las personas de su entorno o de su familia– y de confiar en esas personas, aprovechando así la ayuda que se les ofrece.

Nuestra intervención consiste en facilitarles un acompañamiento psicosocial dirigido a hacerles comprender las causas de sus dificultades y a reducirlas.

Este grupo se beneficia especialmente bien de los encuentros y de los espacios de expresión que proponemos a todos los padres, tales como las entrevistas individuales, los grupos de apoyo, los talleres creativos o los campamentos de verano.

No obstante, hay situaciones que deben hacer sonar la alarma: si estos padres no logran encontrar un apoyo social en un breve periodo de tiempo, sus recursos personales pueden agotarse; en ese caso, nos arriesgamos a ver cómo aparecen «en cascada» los problemas familiares.

El tercer grupo está constituido por padres en los que hemos observado comportamientos inadecuados, así como trastornos del apego y de la empatía. En estas situaciones, los elementos contextuales reactivan las heridas y los trastornos históricos de los padres.

En este grupo se encuentran numerosos padres que presentan descompensaciones psíquicas graves con síntomas inquietantes, en especial, trastornos psicóticos y depresiones graves.

Se trata de un grupo extremadamente frágil, de madres solas, aisladas, con escasa capacidad para acceder a una red capaz de apoyarlas.

Este grupo engloba el 24% de las familias que han participado en nuestra investigación-acción.

En los hijos de estas familias, observamos que el apego está siempre alterado.

Los padres presentan problemas de empatía e interpretan mal las señales a través de las cuales sus hijos manifiestan sus necesidades.

Estas familias precisaron un modelo de intervención dirigido a detener el proceso de cronificación de estos trastornos.

Para ello necesitaron un acompañamiento psicosocial intensivo y en red (haciendo especial hincapié en el apoyo de la relación paterno-filial), así como un espacio individual para hablar.

La participación en los grupos de apoyo y en los talleres creativos constituyeron un importante apoyo para este tipo de familias.

> **Matías, un hijo «chivo expiatorio» y portavoz del sufrimiento familiar.**

La demanda

La familia, compuesta por la madre y sus seis hijos, vive en un centro de acogida para refugiados desde hace varios meses y en este momento se está preparando para dejarlo.

La madre, víctima de torturas y violaciones en su país de origen, nos es derivada por el médico que realizó la prueba pericial para demostrar a las autoridades belgas que, efectivamente, había sido violada y torturada, y que, por lo tanto, tenía derecho a ser reconocida como refugiada. A lo largo de las entrevistas, el médico quedó impresionado por las dificultades relacionales expresadas por la madre hacia su hijo pequeño de 4 años.

El primer contacto se realizó en el consultorio médico, en presencia del médico, de la madre y de los dos terapeutas que se iban a ocupar de la familia (un trabajador social y una psicóloga). El médico expone la situación insistiendo en las «condiciones particulares» de la concepción de Matías.

El trabajo terapéutico

La primera entrevista familiar

La madre acude acompañada de Matías. Los demás hijos se han quedado en casa, bajo la responsabilidad de la mayor, de 14 años. Nos acompaña una intérprete, la misma que estuvo presente durante el peritaje médico. Siempre intentamos que los intérpretes sean las mismas personas a lo largo de toda la intervención: eso nos parece coherente con la idea de establecer alrededor de la familia una red social transicional.

La madre empieza exponiéndonos las quejas de la maestra de Matías. La madre nos trae un pequeño informe, con el título «Comportamiento en clase», en el que podemos leer:

> «Matías es un niño muy revoltoso, habla sin ton ni son y es capaz de cualquier cosa con tal de llamar la atención, llegando a agredir incluso a sus compañeros; va evolucionando hacia peor y es realmente un niño agresivo…»

El contenido del informe merece un comentario: nos pareció un documento frío, culpabilizante, lleno de palabras hirientes para el niño y, desde luego, también para la madre. Desgraciadamente, la maestra no quiso tener, o no tenía, los recursos necesarios para vincularse de verdad con el niño. Se quedó en la descripción de los comportamientos del niño, que eran, sin duda, comportamientos que la perturbaban a ella. Con una actitud diferente habría sido capaz de interesarse por la singularidad de la historia de Matías, y se habría dado cuenta de que este niño no había podido adquirir ninguna seguridad afectiva, seguridad que, tal vez, ella misma le hubiese podido proporcionar. Perdió la oportunidad de convertirse en una guía o tutora de resiliencia para este niño (Cyrulnik, B., 2001; Manciaux, M., 2001). No sabía que, a veces, un único encuentro es suficiente para hacer aflorar de nuevo la afectividad. La maestra, con las palabras del informe, reducía la tragedia de Matías a un veredicto de culpabilidad, sin darse cuenta del daño que este informe hacía a la familia y al niño.

Desgraciadamente, existen profesionales de la enseñanza, al igual que de la medicina, de la psicología o de la psiquiatría, que reaccionan así: son incapaces de ver más allá de los trastornos que tienen delante. Su visión «patogénica» les imposibilita comprender los problemas del otro ampliando el contexto. Carecen de una visión biográfica. Esta incompetencia está aún excesivamente presente, sobre todo cuando se trata del hijo de una familia desfavorecida o proveniente de otro país.

El contenido del informe de la maestra de Matías se puede considerar como violencia institucional. Esta violencia pasa frecuentemente desapercibida, sin duda porque se produce en la escuela, que sigue siendo, a pesar de las críticas, un sistema bastante sacralizado y resistente al cambio.

En palabras de Boris Cyrulnik, «la escuela actual ha olvidado las dos palabras clave de la resiliencia: el sentido y la afectividad. Ha perdido su sentido, y se combate la afectividad. Conversar con un niño significa establecer con él un vínculo afectivo, mientras que lo que se pide actualmente a los maestros es, más bien, que llenen la cabeza de los niños con informaciones y conocimientos abstractos (…). Un niño no puede tener el placer de aprender si ese aprender no es "aprender para alguien"; eso lo sabemos desde hace tiempo».

Sin embargo, algunas escuelas sí funcionan como un verdadero contexto de resiliencia: lo ideal sería que estas prácticas se generalizaran.

Volviendo al caso de Matías, las palabras de la maestra legitimaron todavía más la representación negativa que la madre ya tenía de su hijo.

La madre hablaba así de Matías:

«No para de reclamar. Hay que zarandearle. Es insoportable. Me quiere mucho, pero lo destroza todo…»

La madre llora; Matías se acerca a ella para consolarla. Le seca las lágrimas.

La madre explicó que estuvo separada de una parte de sus hijos durante varios meses: éstos habían huido y se habían refugiado en otro país antes de reencontrarse todos en Bélgica. El reencuentro fue difícil para esos hijos:

«*Estaban anonadados, ¡creían que yo había muerto!*»

Sintió que las autoridades cuestionaban que ella fuera la verdadera madre de los niños.

La madre se quejaba de insomnio y de insoportables dolores de cabeza, y decía que no podía «dejar de pensar».

La terapeuta le pidió que describiera a su hijo:

«*Es diferente a los demás, que son muy brillantes en la escuela. Son mucho más buenos que él. Se pelea todo el tiempo. Le veo diferente a mis otros hijos, ya que no son del mismo padre.*»

Dijo que el niño no lo sabía, como tampoco lo sabían los demás hermanos y hermanas.

Matías empezó a agitarse y a golpear con los objetos.

La madre añadió que sus hermanos le pegaban. Dijo también que Matías se ponía a menudo en situación de peligro, que había estado a punto de ser atropellado por un coche, y que se negaba a ir de la mano de los adultos.

La segunda entrevista

Vemos a la madre sola.

Nos explica que fue perseguida regularmente durante varios años en el marco de los conflictos interétnicos de su país. Fue encarcelada, torturada y violada.

Su casa fue ocupada por los militares que buscaban a su esposo, que había huido, y de quien ella no tenía ninguna noticia.

Durante este periodo la obligaron a cocinar para ellos y fue violada varias veces, lo que provocó un embarazo, a consecuencia del cual nació Matías.

En el transcurso de una agresión posterior, Matías, que contaba entonces 2 años, fue golpeado en la cabeza. Tiene cicatrices de esos golpes. Otro de los hijos fue sumergido en el agua durante varios minutos con el fin de hacerle hablar a ella.

En su opinión, el origen de los problemas de conducta de Matías se remontan a los golpes recibidos en la cabeza: teme que el cerebro del niño se haya «desplazado» como consecuencia de los golpes.

Todas estas agresiones sucedieron en presencia de toda la familia.

La tercera entrevista

La madre está hundida: uno de sus hijos ha estado mirando los papeles y ella cree que ha descubierto la declaración en la que narraba su historia, la que hizo para solicitar asilo político.

Está convencida de que ahora ese hijo suyo ya sabe que Matías no es hijo del mismo padre que él.

Cree que su comportamiento ha cambiado. Le dice a Matías: «Tú no eres como nosotros», y le pega.

Si su hijo lo sabe, se lo dirá al padre cuando vuelva un día… «En ese caso existen tres posibilidades: o mi marido me mata a mí, o mata a Matías, o me repudia junto con el niño.»

Dice que está agotada, que no duerme nada; que está terriblemente angustiada.

La derivamos a un médico psiquiatra, que le receta ansiolíticos y antidepresivos.

La cuarta sesión

El trabajador social de nuestro programa había encontrado campamentos de verano para varios de los hijos. A Matías lo expulsaron al segundo día por intentar ahogar a los demás niños en la piscina. No obstante, lo readmitieron tras una intervención por nuestra parte.

La madre habla por primera vez de las dificultades que tiene también con el resto de sus hijos:

- Una de sus dos hijas, de 12 años, es incapaz de salir de casa; se pasa horas y horas «mirando las musarañas» y se encierra cada vez más en sí misma.
- Otro de sus hijos, de 6 años, es violento, repite los gestos que ha visto durante las agresiones y, entre otras cosas, agarra por el cuello a Matías.

Tras esta serie de entrevistas, le propusimos a la madre:

- Seguir con la terapia individual.
- Trabajar con toda la familia (ella y sus seis hijos).
- Participar en un grupo de apoyo.
- Que sus hijos más pequeños participaran en los talleres para niños.
- Continuar con el acompañamiento social, puesto en marcha desde el principio de la intervención.

Nuestras observaciones en las sesiones de terapia familiar

Al encontrarnos con toda la familia, nuestra primera impresión fue que se trataba de una familia unida que requería a los terapeutas para poder enfrentarse a las dificultades derivadas de los trágicos sucesos que habían vivido en su país de origen.

Observamos que el conjunto de los miembros de la familia era capaz de comunicarse entre sí de forma fluida. Podían expresar sus emociones de forma diferenciada, hablando cada uno en su propio nombre sobre los sucesos vividos conjunta o separadamente. En especial, pudieron hablar del periodo de separación entre la madre y algunos de sus hijos, y de la violencia sufrida. Al hacerlo, nos transmitían su sufrimiento y se permitían verbalizar sus vivencias.

Una preocupación importante que tenía la madre era saber si su hijo había leído el informe que hablaba de la violación como origen de la concepción de Matías.

Matías era permanentemente designado por los miembros de la familia como «el de los problemas»: se le acusaba de ser diferente a los demás y de llamar la atención sobre el conjunto de la familia de forma negativa. Avergonzaba a los demás. Vimos que el resto de los hermanos lo provocaban constantemente: por ejemplo, burlándose de él, o mediante «agresiones» físicas o verbales, tan discretas como eficaces.

Nos pareció importante poner de manifiesto estos comportamientos durante las entrevistas, y también subrayar que Matías nos parecía deseoso de participar en estos encuentros, y que estaba muy atento.

Durante una de las sesiones, en la que las interacciones de los dos hijos más pequeños (Marcos, de 5 años, y Matías, de 4) perturbaban el desarrollo de la sesión, Marcos abandonó finalmente la sala y se aisló en la sala de espera. Matías, en cambio, se quedó, participando tranquilamente en el resto de la entrevista, e incluso fue el único que abordó directamente la ausencia del padre: «Mi papá está en la cárcel».

Esta observación nos llevó a pensar que Matías era el portador de una serie de cuestiones importantes a la vez que dolorosas y, desde luego, molestas para la familia.

Nuestras observaciones en los grupos de mujeres

La madre se muestra muy activa y comprometida: interviene a menudo en su nombre, pero también de forma solidaria con las demás participantes.

Parece estar en una situación de doble vínculo: quiere denunciar los sufrimientos de las mujeres de su país y siente que eso es posible en el contexto que le ofrecemos, pero al mismo tiempo la lealtad hacia su cultura de origen no le permite, como mujer, denunciar la violencia de los hombres.

Muestra una gran curiosidad por nuestra «cultura» y, particularmente, sobre la vida de las mujeres en Bélgica.

Pudimos observar que creaba relaciones privilegiadas con algunas de las participantes del grupo, que se convirtieron en sus amigas. En este sentido, la participación en este grupo contribuyó a su «retribalización».

Nuestras observaciones en los talleres para niños

Los dos pequeños de la familia, Marcos y Matías, participaron en los talleres de los miércoles. La madre también estaba presente.

En las primeras sesiones, nos sorprendió muchísimo ver que Matías, considerado «el hiperactivo» por todo el mundo, parecía intimidado y estaba perfectamente tranquilo.

El cambio de contexto pareció sorprenderle. El ambiente especialmente tranquilo y el encuadre de los animadores, que ofrecían una atención continua a cada uno de los niños, le permitieron integrarse en las actividades.

Durante los talleres, Matías mostró en algunos momentos sus dificultades para concentrarse, así como una cierta inquietud, pero rápidamente observamos que se comportaba así para llamar la atención. Nos pareció que había conservado, a pesar de su trágica historia, una cierta capacidad para concentrarse, para estar con los demás y para ser curioso y creativo. Nos pareció un niño resiliente.

Esta imagen suya rompía con la imagen que nos transmitían tanto el informe de la maestra como su madre y sus hermanos durante las sesiones de familia. Nos pareció que Matías se permitía, en el contexto del taller, abandonar durante un momento su función de «hijo-síntoma del sufrimiento familiar». Podíamos haber esperado un niño especialmente difícil para trabajar, pero en absoluto fue así.

La hiperactividad de Matías parecía cumplir una función adaptativa determinante en su resiliencia. Era parecida a la que presentan otros niños «supervivientes» de nuestro programa: una agitación motriz asociada a una gran reactividad a la estimulación sensorial, con dificultades de concentración y, a menudo, una necesidad compulsiva de explorar, tocándolo todo.

M. Lemay (1998), observando a los niños que habían sido víctimas de maltrato crónico y que presentaban también este mismo síntoma, formuló una teoría según la cual la hiperactividad tiene una función resiliente: permite la salida de un exceso de tensión motivada por las circunstancias ambientales, favorece la captación –breve, pero intensa– de estímulos en un medio que no proporciona suficientes elementos estructurantes y fuerza la atención de las personas que gravitan alrededor del niño, permitiéndole así no ser sumergido en un universo exento de intercambios sociales.

Por otro lado, en el caso de la familia de Matías, escondido tras el «paciente designado», pudimos reconocer el sufrimiento del resto de los hijos: su hermano Marcos, de 5 años, tras una aparente adaptación, apareció como un niño totalmente inhibido y más afectado aún que Matías en sus funciones cognitivas y sus capacidades creativas.

Este «desenganche» afectivo que se observa y se siente en el contacto con un niño inhibido es también una forma provisional de protegerse. Cuando el entorno se convierte en algo demasiado peligroso, se siguen recibiendo e integrando los estímulos emocionales, pero filtrados y atenuados, lo que lleva al niño a vivir en una especie de «envoltura» protectora (Lemay, M., 1998). Por el contrario, hemos constatado que la inhibición no cumple esta función de atraer la atención, como sucede en el caso de la hiperactividad, puesto que la misma inhibición aísla al niño, le hace pasar desapercibido y, por ese motivo, no recibe la ayuda necesaria.

Nuestra evaluación del acompañamiento terapéutico de esta familia

Cuando nos encontramos con esta familia estábamos muy preocupados por Matías: nos parecía inmerso en un proceso de marginación en en interior de su propia familia, en un proceso conducente a convertirle en el chivo expiatorio.

Pusimos en marcha un acompañamiento intensivo que incluyera a todos los miembros de la familia, aunque concediendo, eso sí, un lugar privilegiado a Matías y a su madre. Pensábamos que los propios hijos y, en particular, los mayores, contribuían ampliamente al proceso de marginación de su hermano. Observamos que los momentos de intercambio positivo entre Matías y su madre sólo se producían en ausencia de los hermanos mayores. Además, la preocupación de la madre acerca de si el hijo mayor estaba o no al corriente de su «secreto», y su miedo a las consecuencias si lo llegaba a divulgar, nos hicieron pensar que aquel hijo podía tener un cierto poder para condenarles a ambos, tanto a Matías como a ella.

El trabajo realizado, gracias a los recursos de esta familia, contribuyó a frenar el proceso de cronificación que se estaba instalando en ella. El trabajo social, dirigido a lograr que aceptaran a los hijos en la escuela y a construir una red social de apoyo, permitió completar nuestra intervención. Pudimos constatar que los tres mayores, de 12, 13 y 14 años, habían sabido adaptarse a su situación de jóvenes refugiados mediante comportamientos que ponían de manifiesto su madurez y su sentido de la responsabilidad, siendo a la vez capaces de expresar sus necesidades de jóvenes adolescentes.

Aportaban regularmente a su madre apoyo y ayuda, y la acompañaban en las diferentes gestiones como traductores. En cuanto a ella, les dio toda su confianza, escuchando sus opiniones.

Nuestras intervenciones pudieron apoyarse en los diferentes recursos familiares:

– El apego que se había podido establecer, contra toda lógica, entre la madre y Matías. Tras varios meses de trabajo, ella nos hizo partícipes del estatuto especial que tenía ese hijo a sus ojos: nos lo describió como el hijo más cercano a ella. Durante los talleres para niños, pudimos constatar que se mostraba orgullosa de las capacidades de ese hijo. En particular, observamos que Matías conseguía a menudo hacerla reír.

- La sorprendente capacidad de Matías para suscitar atención y simpatía, a pesar de algunos problemas de comportamiento. Observamos frecuentemente, durante las entrevistas madre-hijo, que en el momento en que la madre expresaba su sufrimiento Matías lograba consolarla.
- La capacidad de la madre para recrear vínculos con los miembros de su comunidad de origen.
- Su capacidad para comprender el sistema belga y situarse en él con bastante rapidez: aprendió pronto el francés y empezó a realizar gestiones sociales y administrativas ella sola.
- La sociabilidad y las capacidades de adaptación al medio escolar del resto de los hijos.

4. OTRO TIPO DE SITUACIÓN DE RIESGO: LAS SITUACIONES LÍMITE

La complejidad de las situaciones familiares hace a veces difícil establecer diferenciaciones precisas acerca del contenido y la intensidad de la carencia parental. En la historia siguiente, nos resultó difícil evaluar si nos hallábamos ante una dificultad parental transitoria o ante una forma de maltrato crónico.

El estado psicológico de la madre, su historia familiar, su situación de aislamiento y su inestabilidad nos movilizaron y, a menudo, nos preocuparon.

Vamos a intentar relatar aquí las diferentes etapas de nuestro encuentro y de nuestro trabajo junto con ella y sus hijos.

En este caso, el sufrimiento de la madre era tal que nuestro trabajo se focalizó esencialmente en ella. No obstante, mantuvimos siempre como objetivo el hecho de estar atentos a la relación materno-filial y al sufrimiento de los hijos.

La señora Adela y sus tres hijos: cuando el adulto antepone su sufrimiento, ocultando el de los niños.

La demanda

La señora Adela nos fue derivada por el centro de acogida donde residía junto con sus tres hijos; los profesionales querían preparar a esta mujer para que empezara a vivir independientemente en un piso y estaban muy preocupados, porque hablaba frecuentemente de suicidio.

Además, la señora no hablaba francés, lo que aumentaba más su inquietud.

Nosotros mismos nos cuestionamos si era adecuada la solución propuesta de «autonomizarla», ya que nos parecía más apropiado que pasara un periodo de transición en un centro para madres e hijos.

El primer encuentro se desarrolló con la presencia de un trabajador del centro de acogida –venido ex profeso para transmitirnos la preocupación del equipo–, de la madre y sus tres hijos y del trabajador social y la psicoterapeuta de Exil. La presencia de una intérprete permitió que las palabras fluyeran entre todos.

La señora Adela nos abordó directamente así:

«¿Qué pasará con mis hijos si yo me suicido?»

A lo largo de las entrevistas nos fue narrando su historia.

Se presentó como una persona que siempre había tenido una vida desgraciada. El exilio parecía ser para ella un intento de romper con una serie de desgracias.

Había perdido a su madre a los 8 años, en circunstancias que aún hoy nos siguen pareciendo bastante misteriosas. Durante toda su niñez, y también en la edad adulta, se había sentido muy cercana a su hermano, que parece haber sido su figura de apego.

La relación con su marido había dejado de ser satisfactoria desde hacía ya bastantes años, y las relaciones con su familia política eran difíciles.

Su marido, miembro de una minoría étnica, estaba profundamente implicado en actividades políticas. Como consecuencia de ello, le hicieron desaparecer –probablemente fue asesinado–, y el hermano de la señora Adela fue ejecutado ante sus ojos. Ella culpaba totalmente a su marido de todo lo sucedido y le hacía responsable de todos sus problemas, especialmente de la muerte de su hermano. Viendo amenazada su vida y la de sus hijos, huyó de su país y ahora se encuentra en Bélgica sin haber decidido aún su país de acogida. Se encuentra muy aislada aquí, sin lazos familiares y con grandes dificultades relacionales con su comunidad de pertenencia debido al contexto político.

El trabajo terapéutico

Primera fase:

- Pedimos al centro de acogida que mantuviera su seguimiento durante el periodo de autonomización previsto.
  La madre sigue siendo tratada por el médico del centro de acogida, quien le receta ansiolíticos que ella va a buscar regularmente en pequeñas dosis por miedo a que pueda pasar a la acción y suicidarse.
  La trabajadora social del centro de acogida, que se había preocupado de la matrícula escolar de los niños, mantiene contactos regulares con la escuela.
  Aceptamos el mandato que consistía en abrir un espacio para hablar con la madre y sus hijos. La madre es muy irregular con las citas: o viene muy tarde –cuando la intérprete ya se ha ido– o viene el día que no le toca. Aduce problemas de memoria o de organización.
  Ponemos en marcha un conjunto de actuaciones para recordárselas (cartas y nuevas citas, ya sea en el Centro Exil o en su domicilio), con la finalidad de instaurar progresivamente el enganche.

Segunda fase:

- El centro de acogida se retira del caso. Existe, pues, una ruptura de contacto con los profesionales que nos habían derivado a esa familia, lo que significa igualmente un riesgo de ruptura de contacto con nosotros. Además, la señora Adela nos comunica que ha abusado de los medicamentos, y nos confiesa que pega a sus hijos cuando se siente desbordada.
- Reorganizamos nuestra intervención de forma interna, introduciendo un psiquiatra del centro en el seguimiento y ofreciendo a la familia un acompañamiento social más intensivo y muy específico.
  Es el vínculo con la psicoterapeuta lo que nos sirve de punto de anclaje. Ella orienta a la señora Adela hacia el psiquiatra o la trabajadora social en función de lo que aporta durante las sesiones. Partiendo de este vínculo, ella se implica paulatinamente en el trabajo con los demás profesionales del Centro Exil.

Nuestras observaciones de los niños durante las sesiones de familia y en la escuela

Frecuentemente habíamos invitado a esta madre a venir a la consulta junto con sus hijos. No obstante, siempre acudía sin ellos, pues los dejaba en casa bajo la responsabilidad del mayor, de 8 años.

Emitimos la hipótesis de que se trataba de una forma de darnos a entender que era ella quien necesitaba ayuda, y no sus hijos. No obstante, durante las sesiones individuales ella nos hablaba a menudo de la relación que tenía con sus hijos, que pudo ser trabajada a través de esa vía.

Nos encontramos con sus hijos en el centro en cuatro ocasiones, y también en el domicilio: nos parecieron niños hasta demasiado buenos, tranquilos y educados. El mayor supervisaba y se ocupaba de las pequeñas. Nos pareció que estaba muy atento, tanto a su madre como a sus hermanas. Su madre nos explicó que, regularmente, el niño mayor se preocupaba de su estado de salud. Otra de sus hijas le preguntaba a menudo si había ido a ver a «su médico». Los hijos nos parecieron bastante parentalizados, en especial el mayor.

A medida que avanzaba nuestro trabajo con ella, observamos que aumentaba el número de interacciones adecuadas entre la madre y sus hijos, y que se instauraba un ambiente relacional más distendido.

Acudimos igualmente a la escuela y pudimos hablar tanto con las maestras de los tres niños como con el director.

Los niños fueron descritos como muy bien adaptados al sistema escolar: eran «alumnos modelo», atentos, voluntariosos, inteligentes, disciplinados, simpáticos.

El mayor, Sacha, estaba aprendiendo rápidamente el francés, y nos fue descrito como un chico sensible y muy deseoso de adaptarse.

Vimos los bonitos dibujos realizados por Jana, de 5 años. Su maestra la encontraba ya madura para pasar a primero de educación primaria.

La menor, Fiona, de 3 años, se había adaptado perfectamente a la escuela y al ritmo de la clase.

Quedamos muy impresionados por el contraste entre las condiciones de vida que conocían estos tres niños (caracterizadas por la precariedad social y la depresión grave de la madre) y su capacidad de adaptación al sistema escolar, así como su buen desarrollo cognitivo.

Sabemos, sin embargo, que las capacidades cognitivas pueden desarrollarse sin ningún tipo de problema independientemente del equilibrio afectivo. Por ello, el buen desarrollo cognitivo de este tipo de niños no garantiza su equilibrio afectivo. Es, pues, muy importante mantenerse alerta ante las señales de sufrimiento que pudiesen manifestar.

Formulamos la siguiente hipótesis: el hecho de involucrarse activamente en el medio escolar representaba, para estos niños, un intento de compensación de las lagunas de su medio familiar. Fue con gran calidez y afecto que los profesores nos hablaron de estos tres niños. Emitimos también la hipótesis de que estos niños habían logrado crear un vínculo afectivo seguro con sus maestras, en especial en los momentos de carencia maternal.

Nuestra evaluación del acompañamiento terapéutico de la familia

Con la evolución del tratamiento de la madre pudimos acceder a algunas de sus competencias parentales. Observamos diferentes fases en ese proceso evolutivo:

Hubo momentos de depresión grave, durante los cuales su capacidad de empatía hacia sus hijos, al igual que el control de sus impulsos, estaban muy perturbados, por lo que le resultaba difícil ofrecer a sus hijos los cuidados adecuados. Durante estos periodos, su contacto con nosotros estaba en peligro. Propusimos entonces un trabajo pluridisciplinar a domicilio, solicitando al mismo tiempo la colaboración de otros profesionales. Pedimos especialmente a la escuela que permaneciera atenta a los indicadores de sufrimiento de los niños, que podrían equivaler a signos de maltrato por parte de la madre.

Por lo demás, observamos también momentos adecuados en la relación de la madre con sus hijos. Se mostraba entonces capaz de escuchar sus preguntas e inquietudes, les manifestaba ternura e interés, y los valoraba. Los niños aportaron un día a la consulta, con evidente placer, las historias que su madre les contaba sobre su propia infancia.

Globalmente, estos momentos favorables aumentaron a medida que avanzaba el trabajo.

En esta situación, nuestra preocupación primordial fue, desde el principio, no olvidarnos del sufrimiento de la madre, ni tampoco del sufrimiento de los niños. Esto era especialmente complicado por el hecho de que el malestar del adulto nos ocupaba enormemente, pues tenía un impacto preponderante sobre la relación con sus hijos y su capacidad para protegerles.

Además, nuestra inquietud aumentó por las dificultades que tenía la madre para aliarse con los profesionales en una relación de ayuda.

En relación con estos niños, abordamos la importancia de la escolaridad como punto de apoyo social y afectivo.

Hoy en día continuamos ofreciéndoles seguimiento, y estamos muy atentos a la fragilidad psicológica de la madre y a la situación psicosocial de la familia.

En efecto, las capacidades de esta madre para crear lazos con el resto de adultos de su entorno y para pedirles ayuda nos parecen muy pobres.

Además, la presencia de un problema de salud mental –una depresión crónica grave– nos aconseja la mayor prudencia.

Las tres primeras situaciones descritas nos muestran cómo una cierta capacidad para ser padres puede ser preservada en situaciones cargadas de rupturas y traumas. El combate de los padres para reconstruir un proyecto familiar es una demostración del poder que poseen los vínculos que encuentran su origen en el proceso de apego.

Este cuarto caso nos enfrenta, como profesionales, a la necesidad de asumir riesgos. A veces, asumir el riesgo de no alejar a los niños de la madre nos parece una de las condiciones que permiten que un padre pueda reconducir, con ayuda, la relación con sus hijos, viendo así mejoradas sus competencias parentales.

No obstante, sólo podemos comprometernos a ello bajo cuatro condiciones:

1. que exista una relación de confianza lo bastante fuerte entre los padres y los profesionales;
2. que el padre o la madre sean capaces de reconocer los problemas que tienen con sus hijos;
3. que el padre o la madre sean capaces de asumir la responsabilidad que les corresponde como causa del sufrimiento de sus hijos, y
4. que el padre o la madre tengan intención de cambiar esta situación aceptando la ayuda de los profesionales.

En este cuarto grupo, los padres presentan una incompetencia grave, crónica y posiblemente transgeneracional. Estos padres eran ya incapaces de asegurar el buen trato a sus hijos antes de los trágicos sucesos.

Este grupo abarca al 6% de los padres observados.

A pesar del trabajo intensivo con estas familias, que nos enfrentan a los límites de la eficacia de nuestros modelos de intervención, no hemos podido observar en ellas una evolución favorable.

Normalmente hay muchos profesionales alrededor de estas familias que manifiestan una inquietud, pero las familias suelen desarrollar pocos vínculos de confianza con esos profesionales.

Todos los hijos de estas familias presentan problemas de apego.

De todas formas, en una misma familia hemos observado el mantenimiento de relaciones positivas con algunos de los hijos, mientras que otros eran víctimas de negligencia, maltrato o abandono.

Al mismo tiempo, pudimos encontrar en la historia de estos padres una vivencia de maltrato o de abandono en su propia infancia.

Los padres de este grupo presentan graves alteraciones de la empatía y necesitarían de psicoterapia a largo plazo, así como de un trabajo psicosocial intensivo. Constatamos, de todas formas, que es raro que se comprometan en un proceso psicoterapéutico. Además, a veces hacen fracasar el trabajo en red de los profesionales.

En cuanto a los hijos, es necesario ofrecerles espacios de protección.

Creemos que es necesario facilitar a estas familias una intervención alternativa, consistente en disponer a su alrededor varios puntos de apoyo educativos que puedan paliar las deficiencias de los padres, y en poner a disposición de los hijos figuras alternativas de apego capaces de asegurar las funciones parentales.

En estas situaciones es importante poder hacer todas estas cosas simultáneamente:

– Evaluar y reconocer rápidamente las incompetencias parentales.
– Ofrecer a los padres un apoyo y un reconocimiento de las dificultades anteriores que están en el origen de estas incompetencias.
– Nombrar las dificultades y reconocer los límites de los padres, así como ofrecer a los niños un espacio para la palabra y la expresión.

La señora Paula y sus hijos; cuando la violencia se repite.

La demanda

La señora Paula nos fue presentada por la trabajadora social de una institución donde estaban internos sus hijos. A la trabajadora social, sensible al sufrimiento expresado por esta madre, le parecía importante que pudiera beneficiarse de un espacio terapéutico que le permitiera verbalizar sus dificultades.

Se le había quitado la custodia de todos sus hijos, que habían sido internados en centros como consecuencia de una serie de sucesos que culminaron con un incidente grave, provocado por los hijos, y que había ocurrido en un momento en el que ella les había dejado solos sin vigilancia.

Desde el principio, la señora Paula nos pareció totalmente desbordada por problemas de todo tipo: administrativos, materiales y afectivos.

No nos pareció que estuviera especialmente interesada en el trabajo terapéutico, al contrario de lo que nos había dicho la persona que nos la había derivado.

No obstante, durante las sesiones dirigidas a analizar su petición nos habló a menudo de sus inquietudes en relación con sus hijos, todos ellos internados en centros por orden judicial: estaba muy preocupada por lo que observaba durante las visitas al centro donde estaban internados los mayores. En su opinión, la educación era demasiado relajada, sobre todo en lo que se refería a las relaciones entre chicas y chicos, y entre niños y adultos.

Manifestaba su deseo de que retornaran a casa y buscaba nuestro apoyo en este proyecto.

Por lo demás, necesitaba ayuda y se dirigió a nosotros con frecuencia para hacernos peticiones de ayuda puntuales y urgentes, sobre todo en el aspecto social o médico.

El trabajo terapéutico

En un primer momento, conmovidos por su dramático pasado (el asesinato de su marido y de sus hermanos, la persecución de su familia por motivos políticos), así como por su situación actual, marcada por la injusticia y la precariedad, nos aliamos con ella en su proyecto de conseguir la custodia de sus hijos.

Nos pareció que su impulsividad y una cierta agresividad constituían mecanismos de resistencia y de defensa contra la depresión adquirida en el enfrentamiento con las experiencias de supervivencia que había tenido.

Las entrevistas familiares

A petición del centro donde se hallaban acogidos sus hijos, pusimos en marcha las sesiones familiares en el Centro Exil.

Esta fase del trabajo nos permitió ver las importantes dificultades relacionales existentes entre la madre y algunos de sus hijos, mientras que la relación estaba medianamente bien protegida con respecto a los otros.

Especialmente, acusaba a sus hijos de ser los responsables de su internamiento y, consecuentemente, de su descalificación como madre. Ponía en primer plano su propio sufrimiento y se mostraba muy poco empática en relación con el sufrimiento de sus hijos, quienes, sin embargo, habían compartido con ella situaciones dramáticas.

Verbalmente, el apego hacia sus hijos se manifestaba esencialmente en la afirmación de sus derechos como madre, en especial el de educarlos ella misma.

Paralelamente, descalificaba habitualmente a sus hijos y llegó a verbalizar de una forma muy dura su rechazo hacia uno de sus hijos en particular, mostrándose incluso físicamente agresiva con él durante una de las sesiones.

En cuanto a los hijos, hay que decir que se mostraban muy ambivalentes con su madre.

En dos de ellos observamos momentos en los que se esforzaban por complacerla, seguidos de súbitos comportamientos de rechazo.

Emitimos la hipótesis de que estos niños habían desarrollado un tipo de apego «en espejo» con el de su madre.

A algunos de los profesionales, los niños les manifestaban su deseo de vivir con ella; con otros, en cambio, se quejaban de su violencia, de los trabajos que les imponía...

Estos niños no parecían estar bien en ningún sitio: ni en la institución, ni con su madre, en cuya casa pasaban cortos periodos de tiempo.

Cuando le preguntamos a la madre acerca de su propia infancia, nos contó que ella misma había estado internada de pequeña.

Su propia madre se había visto desbordada por penosos sucesos que, ya en aquel entonces, habían afectado a su familia.

Al igual que ella ahora, su madre había perdido a su marido, asesinado también por razones políticas.

La señora Paula fue a menudo «amordazada» durante su infancia. Manifestó también su vivencia de rechazo por parte de su padrastro.

La reproducción transgeneracional de la historia familiar se puso entonces claramente de manifiesto.

Esta reproducción se vio favorecida por la violencia sociopolítica en la que esta familia estaba inmersa desde hacía mucho tiempo.

La señora Paula, al compartir con nosotros su infancia, no expresaba ni sufrimiento ni empatía por la niña que había sido, sino que, al contrario, valoraba las pruebas pasadas y las consideraba un modelo de referencia para la educación de sus propios hijos:

> *«Se me reprocha que pegue a mis hijos, pero en mi infancia recibí muchos golpes y eso no me hizo ningún mal. Al contrario, eso me ha permitido convertirme en una mujer.»*

Con el objetivo de reforzar el apoyo familiar, las entrevistas de familia se abrieron igualmente a la parte de la familia extensa presente en Bélgica: la abuela, la tía y el tío de los niños.

No obstante, la señora Paula rechazó esta ayuda, ya que manifestaba en aquel momento una vivencia de rechazo por parte de ciertos miembros de su familia, y nos expresó su resentimiento hacia ellos:

> *«No me ayudaron cuando los necesité. Siempre me las he arreglado yo sola.»*

La complejidad del trabajo en red

La madre y sus hijos estaban siendo atendidos, en un momento dado, por doce servicios jurídico-psicosociales diferentes que comprendían a una multitud de profesionales.

Tenemos que señalar la gran dificultad que entraña un contexto semejante para construir un proyecto coherente y ponerlo en marcha.

Esto provocó confusiones en los roles y en las funciones de cada uno, especialmente entre los servicios de ayuda obligatoria y los servicios de ayuda voluntarios, como era nuestro caso.

Creemos que la señora Paula había quedado atrapada en una situación paradójica: todos los profesionales constatábamos su desbordamiento y su agotamiento nervioso, así como las dificultades que tenía para organizarse; no obstante, como no se lograba construir un vínculo de confianza en el trabajo, los profesionales –con una vivencia de fracaso– introducíamos a más profesionales, haciendo aún más compleja la relación familia-profesionales.

Así, la multiplicidad de servicios reforzaba el desbordamiento y el agotamiento de la madre y disminuía aún más sus recursos, creando un círculo vicioso que la abocaba, sin duda, a vivirse a sí misma como una persona cada vez más incompetente…

Emitimos la hipótesis de que el funcionamiento de la señora Paula indujo, al menos en parte, esta situación. Pero, no obstante, creemos también que el «caos de ayuda» organizado por las propias instituciones que interveníamos en el caso hacía imposible que la ayuda fuera efectiva. Los servicios debemos ser también autocríticos y aceptar que un exceso de ayuda puede ser tan perjudicial como no tener ninguna… La política de «más de lo mismo» cuando algo no funciona no es, frecuentemente, la más adecuada. Quizá un cambio pueda ser más provechoso, incluso cuando este cambio implique nuestra retirada: al menos bajaremos la presión que se ejerce sobre la familia, si es que no podemos hacer nada mejor.

Así pues, nuestro acompañamiento se desarrolló en diferentes planos: individual, familiar y en red; este último con la finalidad de organizar la colaboración entre los diferentes profesionales, sobre todo los pertenecientes al centro donde se hallaban internos los hijos. La problemática de la madre, al igual que el modo de intervención de las instituciones, había producido, tras dos años de diferentes intervenciones, una situación de ruptura del vínculo con los profesionales de la red, por un lado, y por el otro el fracaso de los proyectos propuestos hasta aquel momento.

Nosotros mismos, como nuevos profesionales, nos encontramos muy rápidamente en una situación paradójica:

- Por una parte, teníamos la firme voluntad de apoyar a la señora Paula de forma incondicional como víctima que había sido de la violencia organizada y de la injusticia.
- Por otra parte, nos veíamos en la obligación de actuar ante sus graves incompetencias como madre y de apoyar las medidas de protección tomadas en favor de sus hijos.

Esta familia nos llevó hasta el límite en nuestro trabajo, obligándonos a cuestionar nuestros modelos de intervención con los padres que reúnen las siguientes características:

- Carencias afectivas graves en su historia personal, tales como negligencias graves, abandono, rupturas múltiples, rechazos, etcétera, que hayan tenido como consecuencia alteraciones graves de la vinculación.
- Problemas de empatía hacia los hijos.
- Modelos educativos o de cuidados inadecuados.
- Problemas familiares transgeneracionales.
- Dificultades de acceso a la red de apoyo familiar y social.
- Precariedad.

En tales situaciones, la problemática del exilio viene a añadirse a los problemas crónicos ya existentes.

Esto nos lleva a preguntarnos acerca de las razones de esta cronificación y a evocar el impacto de la *violencia social,* que consiste en no ofrecer a todos los niños y las niñas los cuidados y la protección que necesitan. Una de las consecuencias más graves del maltrato infantil es que los niños maltratados corren el riesgo de no conocer y, por lo tanto, de no aprender, modelos de relación interpersonal que aseguren, en su futuro de adultos, una parentalidad sana. Este último caso es una trágica ilustración de la violencia contextual sufrida por ciertas familias desde varias generaciones atrás.

Al mismo tiempo, nos muestra cómo esta violencia, al transformarse en violencia intrafamiliar, obstaculiza el desarrollo de la parentalidad bientratante.

4

Nuestro modelo de intervención para apoyar el buen trato en las familias en el exilio

Tratar las consecuencias del trauma producido en estas familias por la violencia organizada nos conduce a posicionarnos, como cuidadores, en la frontera entre el individuo y lo social. Como profesionales comprometidos con la defensa de la vida y el respeto de los derechos de las personas, formamos parte también de ese terreno social. Concebimos nuestras acciones terapéuticas como gestos de solidaridad hacia las víctimas de la violencia, pero también como nuestra particular forma de contribuir a devolver, para beneficio de la humanidad, la categoría de «fiable» a todas estas personas y, en especial, a los niños.

El sufrimiento de los niños, que hemos descubierto gracias a nuestra práctica clínica, nos sirvió de desafío para encontrar un modelo de intervención basado en el logro de los siguientes objetivos:

- El tratamiento de las consecuencias individuales del trauma a nivel médico, psicológico y social en los niños y en los adultos que les rodean.
- La reconstrucción de los vínculos y de la red familiar y social.
- El apoyo a las familias en sus procesos de adaptación a la sociedad de acogida.

Nuestras intervenciones quieren ofrecer cuidados integrales al niño y a su familia en los siguientes planos diferentes:

Acompañamos a los padres en la reconstrucción de un proyecto de vida, partiendo del aquí y del ahora, y respondiendo a sus demandas de forma muy concreta: ayuda para encontrar alojamiento, contacto con otras asociaciones para lograr comida y acompañamiento para resolver problemas administrativos y judiciales.

En nuestro enfoque no pensamos nunca en el sufrimiento concebido sólo en términos de las consecuencias que hayan podido tener unos sucesos traumáticos, ni en términos de los problemas psíquicos derivados de ellos: lo hacemos también en términos de estrés ligado a las dificultades de la vida actual y cotidiana de estas familias. Estas dificultades refuerzan el trauma e incluso crean un «trauma secundario». Todo contexto de precariedad social es una situación de riesgo para la salud de todos los miembros de la familia, y también para el desarrollo de los hijos. Esto es así porque los padres, en su lucha por sobrevivir, están menos disponibles para ser fuentes de apego, de recursos de socialización y de protección para sus hijos.

Tal como hemos señalado en varias ocasiones, la realidad de las familias exiliadas se basa principalmente en la ruptura de los contextos y los vínculos, tanto a nivel familiar como a nivel social y económico.

La familia y la comunidad, en tanto que cobertura social, siguen siendo vitales para asegurar el buen trato del niño y, por lo tanto, su salud y bienestar.

Cotidianamente somos testigos de las consecuencias del estallido de los tejidos sociales y familiares, y también de los esfuerzos que hacen estas familias para reconstruirlos cueste lo que cueste.

Así, algunas madres de familias monoparentales exiliadas, inmersas en sus propios problemas y sufrimientos, que no pueden cumplir con su rol protector, se dirigen a las instituciones con la intención de proteger mejor a sus hijos y con la esperanza de que éstas puedan paliar sus carencias. Desde ese momento se encuentran en una situación contradictoria y delicada, y muchas veces se preguntan sobre su dependencia o su independencia frente a la institución.

«¿Cómo voy a poder recuperar a mi hijo?», se preguntaba una mujer que se había visto obligada a dejar a su hijo en un centro de acogida para bebés. En una situación material extremadamente precaria, dependiente de un hombre muy violento, aislada y deprimida, tuvo la fuerza de confiar su bebé a otros para que lo cuidaran. «Confiarlo» no significaba de ningún modo «abandonarlo», pero ella era consciente de la dinámica en la que podía entrar: ir perdiendo poco a poco sus vínculos afectivos con su hijo y, sobre todo, perder sus derechos como madre.

Otra madre de familia numerosa, totalmente sobrepasada por problemas de todo tipo, había pedido el internamiento de sus hijos, con edades comprendidas entre los 6 y los 12 años. Se sentía abrumada por la idea de que su propia familia no había podido ayudarles como ella esperaba, y vivía de una forma absolutamente negativa esta situación. Cuestionaba permanentemente a los educadores las normas del centro, y se imaginaba siempre lo peor.

Podemos observar que a menudo, a pesar de la difícil realidad en la que se debate la familia, los padres siguen preocupados por la suerte y el futuro de sus hijos y desarrollan con éstos lazos muy fuertes.

Un padre de familia, que había logrado escapar de Kosovo junto con su mujer e hijos, había traído también a su sobrina con él. El padre de ésta había desaparecido y la madre estaba encarcelada. La niña, de 4 años, se encontraba en un estado de deterioro importante: pasaba de periodos de mutismo a accesos de rabia, se despertaba todas las noches, no se adaptaba a la escuela. A pesar de todo ello, y al margen de otros problemas que tenía con sus propios hijos, este hombre nos confiaba su miedo de verla separada de la familia, y también su determinación de luchar para mantenerla a su lado.

La ruptura y el empobrecimiento de los lazos arrastran a menudo a los padres hacia relaciones de dependencia y de exclusión que son reforzadas por sus dificultades de adaptación en el país de acogida. Esta adaptación se inscribe en un largo proceso y necesita tanto de una etapa de asimilación y comprensión de las reglas, las leyes y los ritos como de una etapa de acomodación que conduzca a las personas a ajustar sus propios modelos a los recientemente encontrados. Este proceso se inicia con una etapa de espera y de incertidumbre, y se complica especialmente por las situaciones de estrés, duelo y aislamiento, así como por la pérdida de control sobre el entorno cultural, familiar o social. Además, se les pide a los padres que muestren su voluntad de integración sin reconocer su difícil y precaria situación. De hecho, estas personas se encuentran en una doble realidad: desintegración e integración; y cada una de estas realidades implica una pérdida de energía.

Esta población se ve igualmente enfrentada a los servicios de inmigración, donde los funcionarios dejan poco espacio para la empatía y para el respeto de las representaciones culturales de las familias. Además, la falta de información, los problemas con el idioma o la falta de experiencia en relación con los trámites administrativos no son tenidos en cuenta, en la mayoría de los casos, por los responsables de inmigración que gestionan los expedientes de estas familias. La complejidad del procedimiento y el ambiente de deshumanización lleva a estos padres a no poder responder a las diferentes peticiones y órdenes de estos servicios y a derivar a situaciones de una mayor precariedad. Todo ello se agrava aún más cuando son los propios servicios sociales, que en teoría se encargan de ayudar a estas familias, los que asumen la misma actitud de control y de rechazo que los funcionarios de los servicios de inmigración.

Esta realidad es a menudo más difícil para la mujeres solas que, con uno o más hijos, nunca habían tenido que enfrentarse anteriormente ni a la administración ni a un control social externo a su propia familia o a su propia comunidad. La posición social y el nivel de formación de las mujeres pueden tener igualmente un impacto en su proceso de integración.

Una mujer joven nos comunicó que una trabajadora social, que al principio la había ayudado, la había amenazado posteriormente con no ayudarla más. Entramos en contacto con esta trabajadora social, que nos dijo que no entendía por qué aquella mujer no se había presentado a las diferentes entrevistas programadas para alquilar un piso que ella misma le había concertado con los propietarios. Ella misma le había proporcionado un mapa de la ciudad, obviando el hecho de que aquella mujer nunca había aprendido a utilizar un mapa.

La imagen social que se les atribuye a estas familias es también una fuente de problemas: es la imagen de «falsos solicitantes de asilo» o «falsas víctimas» la que se les devuelve siempre. Se encuentran a la vez en una situación de espera y de inestabilidad, pero igualmente en la obligación de justificarse y de demostrar que han sido víctimas de violencia y de tortura. Ellos mismos están inmersos en un proceso en el que el pasado está continuamente presente y no facilita el duelo ni el paso a otra etapa de la vida.

Vemos que estas familias marginadas pueden desarrollar igualmente un sentimiento de inutilidad y de inexistencia. En efecto, numerosas familias manifiestan su sentimiento de que a los poderes políticos no les importan en absoluto ni sus problemas para vivir ni su voluntad para adaptarse.

Un padre argelino había logrado un empleo tras largos meses de búsqueda y de gestiones. Este hombre, para quien el trabajo lo era todo en la vida, quedó decepcionado al saber que el Estado le denegaba el acceso a la documentación necesaria para obtener ese empleo.

Una madre africana nos transmitía su vergüenza por el hecho de ser usuaria de las ayudas sociales y su desesperación por no poder trabajar. Para ella, el hecho de no poder dar un trabajo «a cambio» de ese dinero convertía esa ayuda social en una especie de mendicidad.

Numerosas mujeres viviendo y dando a luz en la clandestinidad no pueden inscribir a sus hijos en el registro civil por miedo a ser descubiertas. Esto implica que sus hijos son, administrativamente hablando, «inexistentes». Cuando llegue el momento de la escolarización, esta situación hará que la matriculación en el colegio sea especialmente difícil, si no imposible.

En tales situaciones, todo proyecto de vida no puede ir más allá del día a día, y frecuentemente está terriblemente limitado. Durante el proceso administrativo, que a menudo se prolonga durante meses o incluso años, no tienen ninguna posibilidad de trabajar o de seguir una formación, ni de comprometerse en la vida social del país. Esto resulta contradictorio con el deseo de responsabilizarse de sí mismo y de integrarse en nuestras sociedades.

Este periodo está marcado por la espera de la respuesta a la petición de asilo y por la precariedad financiera en la que vive la familia. Todo ello tiene, sin duda, un enorme impacto sobre la forma de educar a los hijos. En estos contextos se hace muy difícil ejercer plenamente la función de «padre responsable».

Aún es peor la realidad de quienes han visto rechazada su petición de asilo y han agotado todos los recursos de los procedimientos judiciales. Se convierten en «ilegales» o «sin papeles».

Las familias se encuentran así en un sistema en el que no pueden tomarse la ayuda social como una etapa para integrarse progresivamente y pasar de una situación de dependencia y de ayuda provisional a una situación de autonomía. Se asumen como «asistidos» y se someten a la buena voluntad de los diferentes poderes jurídico-sociales.

Los trabajadores sociales de las instituciones oficiales se enfrentan a situaciones problemáticas en las que el trabajo social ya no se construye conjuntamente con la persona, en la relación personal con el otro, sino que más bien se convierte en una relación de dependencia en la que la persona solicitante no es ya el protagonista de su historia. Para el trabajador social, esto puede llevarle a la pérdida del sentido de su trabajo y a la desmotivación.

¿Cómo apoyar a estas personas en sus proyectos a largo plazo cuando se debaten en un procedimiento cuyo resultado desconocen, donde todo se les escapa y en el que, con frecuencia, se sienten impotentes?

En estas circunstancias, nuestro apoyo se traduce en acompañar a las familias de modo que puedan comprender el funcionamiento de una sociedad que les resulta nueva, de un sistema social complejo que, a sus ojos, es incomprensible y muchas veces incoherente. Estamos siempre dispuestos al encuentro, que es donde se expresan las representaciones de cada cual y donde se favorece un espacio para la palabra y para el trabajo intercultural.

Por este motivo, también nos encontramos con los diferentes profesionales que tienen un interés por estas familias. Nos ponemos en contacto con ellos para construir un trabajo de coordinación adecuado y, de este modo, crear una red.

Gracias a este trabajo en red podemos poner en marcha una colaboración entre los profesionales que se basa en la complementariedad entre las competencias específicas de cada uno de los actores profesionales.

Hemos establecido numerosos contactos con asociaciones y servicios administrativos. Los objetivos de estos encuentros pueden concebirse como un trabajo en red, sea en el marco de un trabajo puntual, sea en el marco de un trabajo de colaboración a largo plazo en el que se establecen encuentros e intercambios regulares.

Desde ese momento, nuestra actuación consiste igualmente en acompañar a las familias y en facilitar el encuentro entre esas familias y los diferentes servicios –sociales, médicos, jurídicos, escolares–, así como con todas aquellas personas susceptibles de estar en relación con ellas. Trabajamos de manera simultánea en lo cotidiano y en la construcción de un medio seguro para el futuro.

El objetivo de este trabajo es, como ya hemos enunciado, hacer que los padres refugiados puedan comprender y utilizar los recursos ofrecidos por el país de origen, especialmente en lo que atañe a la educación de sus hijos.

Para ello, trabajamos sobre las representaciones que tienen los padres refugiados de la sociedad en la que están inmersos.

Constatamos a menudo, durante los encuentros entre las familias y los diferentes trabajadores sociales, que a veces estos últimos tienden a estigmatizar a estas personas y, por lo tanto, a aislarlas del resto de la población.

Una parte importante de nuestro trabajo consiste en favorecer los intercambios interprofesionales en relación con las representaciones sociales, culturales y relacionales de las familias refugiadas.

A través de estos intercambios pueden modelarse las representaciones más adecuadas para apoyar a los profesionales en un trabajo cuyo desafío mayor consiste en resistirse a la presión de un contexto que resulta hostil para los extranjeros.

LA ASISTENCIA MÉDICA

Tenemos la suerte de contar, en nuestro Centro Exil, con un servicio de medicina general, compuesto por dos mujeres médicos y una enfermera. Todas ellas cuentan con varios años de experiencia en nuestro programa. En sus intervenciones médicas se mezclan de una manera armoniosa una visión integral de la salud, el rigor profesional, la ternura y la abnegación.

Ello nos permite garantizar al niño y su familia unos cuidados de salud en un contexto acogedor y humano. A menudo, es a través del cuerpo como se expresa el sufrimiento pasado y presente. Esto resulta especialmente cierto con los niños pequeños. En cuanto a los padres, sus inquietudes en relación con el cuerpo del hijo, su salud, su desarrollo, expresan a veces miedos más difíciles de formular. Informar y tranquilizar sobre la salud del hijo y sobre su desarrollo físico resulta, a veces, esencial. En nuestro programa, la participación de los médicos y de los psiquiatras permite colaboraciones interesantes encaminadas a dominar el sufrimiento que se expresa a través de las quejas somáticas.

EL APOYO PSICOLÓGICO

Acogemos y apoyamos al niño junto con los miembros de su familia, y acompañamos a las personas respetando al mismo tiempo su ritmo y sus necesidades. Abrir un espacio para la palabra, para la simbolización del sufrimiento, no significa comenzar a hablar ya, de entrada, sobre los sucesos traumáticos, sino empezar con lo que sucede aquí y ahora, en la relación de confianza que se instaura poco a poco con la familia. El niño aporta una ayuda preciosa en las sesiones, indicando, a través de su comportamiento, el impacto psicológico de algunos temas y haciendo que los psicoterapeutas puedan abordarlos a partir de sus reacciones (Tilmans-Ostyn, E., 1987, 1995).

El marco que creamos, a la vez que nos permite contener la angustia, abre un espacio para la «conversación» y ayuda a construir una reflexión más amplia sobre la vivencia del niño, su vinculación, las experiencias de sus padres y los modelos de educación.

LAS INTERVENCIONES EN RED

Para asegurar una atención integral al sufrimiento de los niños y de sus familias, los diferentes profesionales del Centro Exil, responsables de ayudarles, organizamos regularmente espacios de intercambio con los miembros de la familia.

Ello constituye una especie de rito significativo, el nacimiento de un nuevo tejido social alrededor del niño y de su familia. Estos encuentros están igualmente abiertos, en algunos momentos, a cualquier institución implicada en la situación familiar, con la idea de reconstruir una red social de pertenencia más amplia para esa familia. Durante cada encuentro entre los profesionales sociales y los padres de los niños, se trata de estar atentos a las diferentes peticiones que se nos hacen.

«Tejer» esta red social de transición es uno de los principales objetivos de nuestro modelo de intervención. Es en el interior de este espacio transicional donde la familia esboza las líneas maestras de una nueva pertenencia a una comunidad.

Por «espacio transicional» entendemos un espacio de «paso» en el seno del cual se pueden elaborar los sentimientos de pertenencia de la familia. Esto nos parece importante, en la medida en que el exilio ha modificado profundamente la forma en la que cada miembro de la familia vive este sentimiento de pertenencia, unido de forma directa a su identidad. La incomodidad de encontrarse «entre aquí y allá», de no pertenecer ni a una comunidad (que nos ha perseguido, maltratado y obligado a huir) ni a la otra (que con frecuencia no ha querido acogernos y que nos ve con recelo, cuando no con franca hostilidad), se quedará congelada en el sufrimiento a menos que seamos capaces de ofrecer espacios de conversación y encuentro. En estos espacios se puede promover un intercambio alrededor de las representaciones culturales: la de la cultura de origen y la de la cultura de «acogida», con el fin de inventar nuevas pertenencias y de facilitar la fusión cultural.

Todas las intervenciones citadas (la social, la médica, la psicológica) forman parte de una estrategia más amplia: reconstruir el *cuerpo social* del niño. Nadie puede negar la importancia que tiene para el desarrollo del niño que su cuerpo biológico esté inserto en un cuerpo social. Por *cuerpo social del niño* entendemos el tejido familiar y el tejido comunitario. Estos tejidos son el origen de los aportes materiales, psicológicos, sociales y culturales que permiten la vida y el desarrollo y que le dan un sentido a la vida.

LAS PRÁCTICAS EN GRUPO COMO FUNDAMENTO DEL PROCESO DE COMUNITARIZACIÓN: LA RECONSTRUCCIÓN DEL TEJIDO SOCIAL

Tal como hemos señalado ya varias veces, una de las finalidades principales de nuestro programa es la reconstrucción de un tejido social para cada familia. Intentamos hacerlo facilitando un proceso que llamamos «de comunitarización» o «de tribalización».

Para lograr este objetivo fomentamos la aparición de grupos que faciliten el reencuentro y la autoayuda entre las familias, y dinamizamos grupos de palabra, talleres para niños y campamentos de verano para madres e hijos. Todas estas actividades son complementarias a las intervenciones terapéuticas individuales o familiares. El trabajo en grupo ha demostrado ser, además, la herramienta más efectiva para «reconstruir» una pertenencia y favorecer la transmisión cultural y la «integración crítica» del niño y de su familia (Barudy, J., 1989).

Nuestro objetivo es que estos grupos funcionen también como «espacios transicionales».

Son espacios sociales intermedios, que funcionan como «espacios bisagra» entre lo interior y lo exterior, el yo y los demás, el antes y el después, los muertos y los vivos, los hombres y las mujeres, los padres y los hijos, aquí y allá.

El marco teórico que hemos utilizado para concebir los grupos como «espacios transicionales» es el concepto winnicottiano de «objeto transicional». Es decir, aquel objeto que permite pasar del estado de unión al de separación entre la madre y el hijo. El objeto, como tal, expresa una paradoja, ya que une y separa a la vez. Sirve de apoyo para el desarrollo de un lugar intermedio, un tercer espacio que Winnicott ha definido como «espacio potencial».

Los diferentes grupos que proponemos a los hijos y a sus padres son, ante todo, espacios protegidos, una especie de «baño afectivo» a la vez seguro y estimulante. Lo que proponemos a los participantes no es tan sólo la tranquilidad, sino también, y ante todo, la posibilidad de entrar en contacto con las emociones censuradas y que la memoria emocional entre en contacto con el relato de los sucesos traumáticos, y que todo ello lo puedan hacer en un ambiente humanizado por vínculos seguros, capaz por lo tanto de «contener» y hacer emerger las emociones suscitadas por la violencia que han sufrido.

Pero los espacios de los grupos son también un espacio privilegiado para lograr el objetivo de la «reunificación social». En efecto, es en el seno de los grupos en donde los sentimientos de pertenencia pueden reconstruirse, en donde los lazos de solidaridad pueden reanudarse y la persona puede encontrar un apoyo, una base que le permitirá nombrar el horror a la vez que es reconocida y apoyada como víctima. Es la experiencia común que el grupo comparte lo que permite a cada uno de sus miembros ponerle palabras y sentido a su propia experiencia sin sentirse destruido. Es ahí también donde el individuo puede expresar su rebeldía y encontrar un sentimiento de fuerza en la emoción compartida.

El espacio grupal funciona como complemento del espacio más íntimo ofrecido por la terapia individual. El grupo permite «actualizar» las emociones y las representaciones que serán luego retomadas, «reapropiadas» por la persona en el espacio singular de su sesión terapéutica.

Si el grupo es una invitación a hablar, también puede ser, a veces, una incitación a callarse: el silencio se convierte entonces en el vestigio de lo que debe ser olvidado.

Las diferentes experiencias de grupo

Facilitar la constitución de grupos es una de las características de nuestro programa. Como una forma de dar una visión dinámica de nuestras experiencias, presentamos aquí cuatro de ellos: los grupos de palabra para madres de niños pequeños, los talleres lúdicos y creativos para los hijos y sus madres, los campamentos de verano para las familias monoparentales y la Liga de familias en el Exilio.

1. Los grupos para madres de niños pequeños, o donde la palabra crea vínculos

Todas las civilizaciones han creado alrededor del embarazo, el nacimiento y la infancia algunos ritos, costumbres o prácticas marcados por la pertenencia de los padres y los hijos a un grupo y que, al mismo tiempo, les inscriben en ese grupo. Todo ello es de vital importancia para la construcción de la identidad de cada uno de nosotros y para la continuidad del grupo (Moro, M.-R., 1994, 1999; Dutihl, P., 1999).

Convertirse en madre en el exilio…

¿Qué sucede cuando una madre y su hijo deben vivir esos momentos esenciales en un país extranjero a sus prácticas rituales?

Las condiciones mismas del exilio convierten esta situación en algo muy difícil y ponen a madre e hijo en un estado de gran vulnerabilidad.

El hecho de enfrentarse a nuevas normas sociales y culturales constituye frecuentemente un verdadero choque, sobre todo en terrenos tan íntimos como los que rodean al nacimiento, pero también en todas las etapas de socialización del niño. El inicio de la escolaridad y el proceso de escolarización son muy a menudo fuentes de preguntas e inquietudes.

Además, estas mujeres toman rápidamente conciencia de que su cultura de origen es con frecuencia objeto de representaciones negativas en el país de acogida.

No obstante, resulta chocante constatar que la llegada de un hijo está frecuentemente marcada por una gran alegría y por un impulso de vida y de esperanza, a pesar de ese contexto de exclusión y rechazo.

Si, como dijimos, todas las sociedades desarrollan estrategias de protección durante el periodo del embarazo, el nacimiento y el posparto, ¿cómo convertirse en madre y hacer venir al mundo a un nuevo ser si se está privada de esas protecciones? ¿Qué recursos alternativos utilizan estas mujeres? ¿Cómo ayudarlas a tener acceso a los recursos que los países europeos proponen a las madres y a sus hijos?

Éstas son las preguntas en las que se basa la constitución de los grupos de palabra para las madres que participan en nuestro programa.

Intercambiar, unir...

Los grupos reúnen como máximo a una decena de mujeres. Son las madres que han pedido ayuda a nuestro programa mediante distintas manifestaciones de sufrimiento, bien porque les afecten a ellas directamente (depresión, manifestaciones de estrés postraumático, aislamiento, problemas psicosomáticos), bien porque se trate de preocupaciones relacionadas con sus hijos (problemas de desarrollo, dificultades para educarlos, problemas de comportamiento, miedo al futuro).

Es importante que las mujeres que participen hayan tenido ocasión de tomar distancia de su sufrimiento, y que sean capaces de escuchar el sufrimiento de las demás sin descompensarse ellas mismas. En este sentido, todas las mujeres que participan en estos grupos tienen detrás un recorrido de psicoterapia individual.

Intentamos constituir grupos homogéneos en relación con las preocupaciones de cada una, pero heterogéneos en el plano de las experiencias y las vivencias.

Estos grupos son siempre multiculturales, lo que facilita el acceso a las representaciones culturales que existen alrededor de los hijos. «En nuestro país esto es así... ¿Y en el suyo?», es la pregunta que resume de una forma adecuada el tipo de intercambio que se produce en el interior de estos grupos.

Se hacen muchas reflexiones en torno a afirmaciones tales como «es lo mismo» o «esto no es igual...». Así, el grupo tiene también la función de permitir tomar conciencia de la singularidad de las costumbres de cada una y de medir así su influencia sobre las prácticas educativas y las representaciones del niño y de sus necesidades.

Lo que une a estas mujeres y crea vínculos entre ellas es seguramente el hecho de ser madres, pero también el hecho de vivir la situación del exilio. Más allá de sus diferencias culturales, existe una proximidad humana bajo la forma de «cultura del exilio».

Como hemos señalado ya, la mayor parte de estas madres han vivido traumas importantes y cargan con el sufrimiento de esas agresiones. Han sido gravemente maltratadas, incluso torturadas.

Muchas de ellas han sido violadas, algunas de ellas durante sus embarazos o en presencia de sus hijos. La mayoría han perdido a sus cónyuges, que están desaparecidos o muertos.

Los grupos de palabra son dinamizados, en general, por dos profesionales; por ejemplo, por una psicoterapeuta y un trabajador social o un médico. Se reúnen semanalmente durante unas diez semanas consecutivas, en sesiones de dos horas y media.

Estos grupos funcionan también como espacios de encuentro y de movilización de la solidaridad entre las mujeres.

Permiten abrir un espacio transicional donde las participantes intercambian sus representaciones y constituyen, así, lugares privilegiados para el estudio de las representaciones relativas al hijo: el embarazo, el parto, los cuidados, la escolarización, la educación, las diferentes etapas del desarrollo y su relación con el contexto social y cultural… Abren un acceso privilegiado a las creencias que conciernen al hijo y a sus necesidades y a los modelos de cuidados que se derivan de ellas.

Se trata igualmente de crear un espacio de observación y de apoyo de la relación de apego con el objetivo de movilizar o estimular la emergencia de una interacción «suficientemente sana» entre el hijo y la madre. El grupo tiene aquí la función de apoyo.

La intérprete, mediadora cultural

Para las mujeres que no hablan francés, organizamos igualmente grupos con la ayuda de una intérprete. Por ejemplo, creamos un grupo de mujeres somalíes y llamamos a una intérprete procedente de su comunidad. Esta mujer fue mucho más que una traductora: permitió tender un puente entre las mujeres y las dinamizadoras, entre la cultura somalí y la cultura belga, asumiendo una verdadera función de «mediadora social». Se convirtió en una actuante de pleno derecho en nuestro programa, ejerciendo de nexo de unión entre las mujeres y nosotros mucho más allá de las sesiones de grupo: era la facilitadora de los contactos entre las mujeres fuera del Centro Exil, acompañándolas personalmente. Asimismo, nos ha explicado muchas de las peticiones y dificultades de estas mujeres, permitiéndonos de esta forma acceder mejor a ellas y a su problemática.

Las mujeres somalíes están especialmente afectadas por las secuelas físicas de la violencia sexual, ya que en su mayoría han sufrido ablaciones en su infancia, lo que provoca numerosos problemas ginecológicos, además de haber sido frecuentemente víctimas de violaciones repetidas en el marco de la guerra civil.

Una doctora de medicina general del Centro, formada en materia de cuidados y prevención en diferentes países de África y América Latina, fue la que dinamizó este grupo junto con la psicoterapeuta.

Le propusimos a la intérprete, una mujer muy sensibilizada y comprometida, a su vez, con esta problemática, que fuera ella misma quien proporcionara algunas de las informaciones médicas con la ayuda de un audiovisual didáctico sobre aspectos como la concepción, la gestación o el parto.

Para ello se llevó a cabo un trabajo de formación de la intérprete a cargo de la doctora del centro.

Durante esos encuentros, el papel de la doctora consistía en contestar las preguntas más complicadas de las mujeres, en explicar una situación particular, en tranquilizarlas y en completar la información.

La psicoterapeuta, por su parte, intentaba conseguir las representaciones de las mujeres sobre estos temas, con la finalidad de evitar la transposición de nuestras representaciones médicas occidentales.

Aunque temíamos que los tabúes culturales ligados a estas cuestiones constituyeran un freno para este grupo, pudimos constatar, en contra de lo esperado, que estas mujeres se mostraban muy curiosas e interesadas.

A modo de ilustración: creación de un grupo multicultural madres-bebés y dinámica del primer encuentro

Comenzamos con una presentación mutua de las participantes y de las dinamizadoras. Cada una de las partes expresa, además, sus expectativas respecto al grupo.

Hablamos del primer objetivo, que permite que las madres se encuentren para intercambiar sus experiencias, sus inquietudes, sus alegrías y sus esperanzas.

Cualquier tema puede ser abordado siempre que sea importante para ellas.

A veces les resulta extremadamente difícil ocuparse de un bebé debido a su ritmo, a sus exigencias, a su dependencia y su fragilidad... Sus historias y sus situaciones actuales refuerzan estas dificultades; de todas formas, estas madres están logrando salir adelante con sus hijos... Les confesamos nuestra curiosidad sobre la forma en la que consiguen ser madres en este difícil contexto. Les manifestamos igualmente nuestro interés en establecer un diálogo sobre las costumbres y los hábitos propios de cada una. Por su parte, las madres manifiestan su entusiasmo por este modelo de encuentros.

La señora Yolanda, madre de una niña de 8 meses, habla de su experiencia en Yibuti, donde las mujeres se reunían para organizar actividades entre ellas.

Las dinamizadoras se presentan como madres; y las mujeres se presentan, a su vez, también como madres (nombre y edad del bebé, y otros hijos en Bélgica o en el país de origen).

La discusión deriva de forma totalmente espontánea sobre el parto, ya que todas ellas han dado a luz a un hijo en Bélgica. Algunas de ellas han tenido hijos previamente en África, y hablan de los dos tipos de experiencia.

El tema principal de este encuentro podría titularse: «Madres aquí, madres allí».

Una de las primeras diferencias que las madres aportan y recalcan se refiere a la red social y familiar que existe en cada una de ambas culturas, y a las diferencias sustanciales que hay en la manera de prestar esos apoyos sociales y familiares. En África la familia estaba allí, apoyando.

«Yo di a luz en los brazos de mi madre», nos dice la señora Flor, madre de un niño de 6 semanas. El marido, la suegra y las hermanas estaban también presentes en el parto.

«Aquí, los médicos y las enfermeras eran mi familia. Yo me sentía muy bien, se ocupaban de mí...»

El acceso y la calidad de los cuidados ofrecidos en Bélgica son reconocidos abiertamente, y comparados con el sistema africano:

«Pero en nuestro país es mucho más fácil, porque todo el mundo se alegra y ayuda.»

La señora Flor habla de su parto, tan difícil, y del riesgo de secuelas neurológicas que sufrió su hijo.

Es escuchada con mucho respeto y animada por las demás, y especialmente por la señora Yolanda, que manifiesta que el bebé es muy guapo y parece estar bien de salud.

Abordan igualmente las costumbres que rodean la llegada de un bebé. Hablan de la dificultad que hay para que esas costumbres se respeten en Europa, y comparten anécdotas llenas de humor sobre este tema, ilustrando su deseo de respetar esas costumbres y dejando entrever, a la vez, una cierta distancia o flexibilidad añadida al distanciamiento («Esto no es África»). Así, por ejemplo, en algunas familias musulmanas, el padre o un hombre de confianza recita fórmulas protectoras al oído del recién nacido. Las mujeres cuentan, entre risas, su proceso de búsqueda para encontrar un hombre adecuado: uno no era creyente, el otro había nacido aquí y desconocía el rito, otro no estaba convencido, etcétera.

En lo referente a la relación del grupo, se logra desde el principio crear un clima de familiaridad entre las mujeres. Una de las mujeres «materniza» el grupo y lo dinamiza.

Para gran sorpresa nuestra, muchas mujeres han leído o conocen las obras de la escritora de cuentos infantiles Laurence Pernou. Hablamos en diferentes ocasiones de sus obras en el grupo, por iniciativa, sobre todo, de una de las madres. Se trata de un conjunto de conocimientos que podemos discutir y poner en común, pero que también podemos criticar, y del que nos podemos diferenciar (en aspectos como el primer baño, la primera alimentación del bebé, la alimentación de la mujer embarazada, etcétera).

Finalmente, queremos insistir en el hecho de que estos intercambios de palabra están siempre situados en un «entre dos», en una dialéctica permanente entre allá y aquí, entre lo conocido y lo extranjero, entre el antes y el ahora.

No hemos querido hacer el inventario de las particularidades culturales evocadas por las mujeres: el objetivo es iniciar un movimiento de intercambio, con la esperanza de que las prácticas diferentes –y quizá complementarias– se integren.

Hay, ciertamente, un sesgo en estas representaciones debido a los esfuerzos, por parte de estas mujeres, para hacer «accesible» su palabra a los belgas. El contexto de intercambio interpersonal e intercultural induce ciertamente la producción de un discurso particular. No obstante, pensamos que esto funciona en el sentido del objetivo que nos hemos atribuido: co-construir «espacios de tránsito» entre las mujeres y entre las culturas.

2. Los talleres terapéuticos, lúdicos y creativos para los niños

Un medio que invita a expresarse

Al ofrecer a los niños la posibilidad de encontrarse en torno a una actividad lúdica, intentamos hacerles reforzar su identidad y expresar su sufrimiento, sus preguntas y sus esperanzas por medio del juego y la creatividad.

El juego es una forma natural y espontánea que tiene el niño para expresar sus angustias y sus alegrías.

El relato de María, de 8 años, que nos contó su historia mediante un espectáculo de marionetas («El viaje de un elefantito abandonado por sus padres que tenía dificultades para hacerse mayor»), nos recuerda, de una manera diferente, la magnitud de lo que ella encontró y vivió durante la guerra y el exilio.

El juego hace que el niño se distancie con respecto a los sucesos traumáticos e intente dar forma a aquella insensata experiencia, simbolizándola.

La gran variedad de medios que se le proponen al niño –técnicas de expresión, de juego, de animación– le permiten escoger su canal de expresión y crear un ambiente de seguridad donde se sienta a gusto para afrontar sus propias emociones.

Es importante darle al juego la importancia justa que tiene para esos niños, quienes se han encontrado en muchas ocasiones «adultificados» a causa de sus experiencias y de las responsabilidades que la vida les ha llevado a asumir.

Observar...

Estos talleres son también para nosotros, profesionales, lugares privilegiados de observación:

- Los medios propuestos, ¿le permiten al niño dar rienda suelta a su creatividad?
- ¿Favorece el ambiente su capacidad de concentración para crear nuevas relaciones, canalizar sus impulsos o su agresividad y desarrollar su autonomía?

No sólo observamos al niño, sino también nuestro trabajo con él. Estos talleres nos permiten diversificar nuestros contactos con los niños con la finalidad de afinar nuestro diagnóstico. Son espacios suplementarios que nos permiten evaluar en qué medida el niño logra superar su situación y seguir desarrollándose.

En estos talleres, los padres siempre tienen la posibilidad de participar en ellos, si así lo desean.

De una manera general, podemos decir que las madres eligen quedarse en el taller, un lugar que ellas sienten como un punto de reencuentro y de intercambio, y como una ocasión para hacer descubrimientos.

Este marco les permite observar algunas prácticas alternativas sobre la manera de comunicar o de reaccionar ante algunos comportamientos de los niños. Las madres están, de ese modo, en una posición de observadoras-participantes.

Reforzar el sentimiento de pertenencia

Al reunir a niños, padres y profesionales intentamos crear un contexto de refuerzo de los lazos afectivos y de las relaciones sociales favorables entre adultos y niños, así como una valorización de la pertenencia cultural.

En estas situaciones de ruptura de contexto, en efecto, es esencial favorecer el proceso de transmisión cultural.

Estas actividades se sitúan en el marco de un trabajo comunitario: se estimula la participación de los padres y de los miembros de la comunidad exiliada con la finalidad de reconocer y reforzar los recursos de esa comunidad.

A través del canto, la danza, las leyendas y las historias, los padres comparten con sus propios hijos y con los demás sus músicas y sus tradiciones.

En 1999, el periodo del Ramadán coincidió con las fiestas de fin de año. Por ese motivo, los dinamizadores de los talleres propusieron a las familias organizar una fiesta que uniera las costumbres de unos y otros. Cuando Navidad y Ramadán se encuentran, los platos típicos, las tradiciones y los cantos se entremezclan para producir un baño emocional en el que los perfumes conocidos encuentran nuevos sabores.

Así, el trabajo comunitario, tal como nosotros lo entendemos, consiste generalmente en la creación de una nueva comunidad de vida y no tanto en intentar reproducir un contexto de vida ya irremediablemente perdido.

Contener la angustia y la violencia

Una tarea importante de los animadores es concentrarse en las experiencias individuales del niño, ofreciéndole un clima de respeto, de autenticidad y de empatía:

> José, un niño de 5 años, parece tener dificultades en el grupo: frecuentemente se aísla durante una actividad. Hablando de ello con su madre, pudimos acceder a la vivencia de esta díada tan fusional, con creencias tales como «estamos solos en el mundo», y percibimos la dificultad que tenían para confiar en los demás y encontrar fuerzas para crear nuevos lazos afectivos.
>
> Terry, a quien su madre ayuda, protege y controla sin cesar, raramente tiene la ocasión de experimentar cosas por sí mismo.
>
> Los talleres del miércoles han sido para ambos un lugar donde sentirse apoyados, no sólo por los animadores, sino también por las otras madres y por sus hijos, un lugar donde experimentar nuevos modos relacionales…

Estos talleres son también, en algunos momentos, escenario de la violencia de algunos niños hacia los demás y del desbordamiento de sus madres frente a esa realidad.

Creemos que esta violencia se expresa sobre todo en los momentos en los que nosotros relajamos nuestra atención sobre los niños para centrarnos en el intercambio con las madres. Esto nos parece significativo en relación con nuestra dificultad para estar atentos, simultáneamente, al sufrimiento y a las necesidades de la madre y de los hijos.

En estos momentos se revelan también las huellas dejadas por la violencia sufrida por los niños. La falta de verbalización de esas experiencias provoca que el niño se dedique a llevarlas a actos. Esta «puesta en actos» nos hace tener acceso a ellas y nos lleva a proponerles a los niños una «puesta en palabras».

Estos talleres son elaborados para favorecer un clima de confianza entre niños y adultos. Los niños piden la ayuda y la presencia de los adultos muchas veces de forma adecuada. Constatamos que algunas madres que tienen relaciones tensas con sus propios hijos se muestran cálidas y adecuadas con otros niños. Encuentran así la ocasión de volver a experimentarse a sí mismas como competentes en su rol materno.

3. Los campamentos de vacaciones para las familias monoparentales, o donde participantes y profesionales forman una comunidad de vida

Reforzar los lazos afectivos

Estos campamentos dan continuidad a los talleres para niños y a los grupos de palabra para madres. Permiten reforzar los lazos de solidaridad esbozados entre las familias en los demás espacios propuestos en nuestro programa, gracias a que se comparten las actividades de la vida cotidiana y a que cambia el contexto ofrecido a esas madres y a sus hijos, que viven frecuentemente en la pobreza y el aislamiento.

Estos campamentos constituyen igualmente la ocasión para que los terapeutas hagan un trabajo intensivo con las familias. Partiendo de las situaciones de la vida cotidiana, y utilizando el apoyo del grupo, estos campamentos se convierten en una verdadera pequeña comunidad. Ofrecen la posibilidad de observar a los niños en la vida cotidiana y de detectar posibles problemas más graves con el fin de tratarlos lo antes posible.

Estos campamentos de vacaciones permiten reforzar la relación entre los profesionales y los niños y otorgan la oportunidad de crear nuevas interacciones, que se unen al trabajo iniciado anteriormente con el niño y su familia. Hasta el momento hemos desarrollado dos tipos de campamentos de vacaciones. Vamos a presentarlos sucintamente y a compartir algunas de nuestras observaciones.

- **Los campamentos de bienvenida**
  Aquí, nuestro trabajo se basa en compartir la vida cotidiana en un ambiente cálido y seguro. Las madres participan en la organización de la vida comunitaria: preparación de las comidas, gestión de los

diferentes tiempos del día, animaciones con los niños y los adultos. Asimismo, son responsables conjuntamente de la organización de las actividades deportivas y lúdicas, del descubrimiento del medio, de la relajación, de la danza, etcétera.

Este modelo nos parece adecuado, sobre todo, para las familias recientemente incorporadas a nuestro programa, y por ese motivo se llaman «campamentos de bienvenida». El objetivo es hacer que todos se encuentren inmersos en un espacio de socialización alternativa y que descubran modelos de relación con los niños que puedan serles útiles en la educación de sus hijos.

Las madres que participan desde hace tiempo en el programa son las que cumplen aquí una función de personas-recurso y de mediación para las que acaban de llegar.

El proyecto de cada estancia residencial se desarrolla sobre un modelo comunitario: los objetivos y las actividades son definidas conjuntamente por los profesionales y los padres durante las reuniones de preparación y son evaluados regularmente durante la estancia.

Esta vida comunitaria nos permite el acceso privilegiado a las representaciones, a las maneras de ser y a las prácticas de las personas a las que apoyamos.

Durante estos campamentos, tenemos también la ocasión de observar y de vivir el impacto que la tramitación de la petición de asilo tiene sobre el ejercicio de la parentalidad. Durante nuestra primera experiencia, se convocó a dos mujeres para ser entrevistadas en el marco del procedimiento administrativo. Fuimos, pues, testigos «en directo» del estrés extremo al que fueron sometidas y a las consecuencias que tuvo en la relación con sus hijos y con el propio grupo. Pudimos observar también hasta qué punto los niños sometidos a la angustia de los padres y a la suya propia quedan marcados por la situación y «se ofrecen» como apoyo a sus madres.

Esta experiencia nos confirma, desde luego, la importancia que tiene apoyar a estas familias de forma global e intensiva. Al mismo tiempo, incluso si ya éramos conscientes de ello, quedamos impresionados al vivir, mediante la participación en su vida cotidiana, el impacto que tiene sobre estas familias la violencia de nuestra propia sociedad y su profunda paradoja.

Compartimos, por ejemplo, la emoción de una mujer que se enteró durante su estancia residencial que, tras una lucha de varios años, había sido al fin reconocida como «refugiada política». Al enterarse de la noticia por teléfono, se puso a gritar: «¡Soy!, ¡soy!»… Sus reacciones nos permitieron sentir hasta qué punto este reconocimiento era importante y vital para ella. Obtener finalmente el estatuto de refugiado político no cura, desde luego, todas las heridas, pero permite sentirse al fin reconocido y proyectarse de nuevo hacia el futuro, existir. Las personas que esperan una respuesta a su petición de asilo están atrapadas entre un presente precario y que las constriñe, un pasado traumático que quieren olvidar a toda costa y un futuro inexistente. El impacto de una situación como ésta sobre la salud mental y física nos impulsa a movilizar toda nuestra solidaridad y nuestra creatividad con el fin de apoyar los recursos de resistencia de estas personas. El trabajo comunitario que les proponemos es uno de los medios que hemos encontrado para mostrarles nuestra solidaridad.

- *El trabajo residencial en grupos*
El segundo modelo de campamento permite intensificar nuestro trabajo con los niños y sus madres gracias a la utilización de técnicas de grupo específicas.
Los momentos que marcan la vida cotidiana, como, por ejemplo, el momento de la comida, o el de irse a dormir, son vividos en común. Al mismo tiempo, se forman subgrupos en función de las edades de los participantes, lo que nos permite ofrecer respuestas terapéuticas adaptadas a las necesidades y a los modos de expresión de cada uno, pero también proponerles espacios de separación y diferenciación.
A modo de ejemplo, para los niños de entre 5 y 7 años hemos escogido trabajar con técnicas que favorecen el desarrollo y la expresión de la vida imaginaria: marionetas, teatro de sombras, juegos de rol, etcétera.
Para los niños de entre 8 y 13 años, las técnicas de circo nos han parecido adecuadas, con el fin de reforzar su confianza en sí mismos y en su cuerpo, así como la afirmación de sí y la gestión de los conflictos en el seno del grupo.
En cuanto a las mujeres, han tenido la ocasión de realizar un trabajo corporal basado en la voz y la respiración, lo que permite acceder a las emociones y elaborarlas.

A propósito de este grupo, hemos constatado cuán difícil resulta para algunas mujeres el hecho de permitirse vivir esos momentos «para ellas», sin la presencia de sus hijos.

Más allá de esa constatación, mantenemos la hipótesis de que las técnicas corporales propuestas, incluso si lo fueron siempre en un clima de respeto, no eran habituales para estas mujeres, y que les suscitaban a veces emociones tremendamente dolorosas. Teníamos que crear entonces la posibilidad de elaborarlas, tanto en el seno del grupo como fuera de él. Constatamos que, al ser enfrentadas a sentimientos de desesperación, algunas de las madres tenían el reflejo de ir a buscar a su bebé para consolarse. El grupo permitió a las mujeres llorar juntas por sus sufrimientos, compartirlos y consolarse mutuamente, mientras sus hijos jugaban y reían. Éste es uno de los objetivos de los campamentos: dar a los niños un espacio de niños, y a las mujeres, un espacio entre ellas.

4. *La Liga de Familias en el Exilio: un nuevo espacio de solidaridad*

Seguir juntos

Esta Liga nació del encuentro entre dos deseos. Tras cada sesión del grupo de apoyo, o tras los campamentos de verano, los participantes expresaban tanto sus dificultades frente a ese final como sus deseos de prolongar esos momentos de intercambio colectivo. Como profesionales, nos enfrentábamos también a la petición de los participantes y a nuestro deseo de ir más allá en nuestro trabajo comunitario para ofrecer una continuidad al resto de espacios de trabajo.

Así, fue a través de las consultas, los talleres, los grupos de mujeres y los campamentos de verano como surgió la idea de crear un espacio alternativo de solidaridad, ayuda mutua e intercambio para las familias en el exilio; nació así la Liga de Familias en el Exilio.

Actualmente, la Liga está formada por profesionales del equipo y por una veintena de familias a las que seguimos en el centro desde hace tiempo en el marco de nuestro programa.

La Liga se reúne aproximadamente cada seis semanas, por la mañana, y a continuación se celebra una comida en común, ofrecida alternativamente por los profesionales y por las familias.

Los objetivos fueron definidos conjuntamente por familias y profesionales:

- Reforzar la solidaridad entre las familias que integran el programa, sin olvidar su solidaridad con las otras familias exiliadas que se encuentran en dificultades o acaban de llegar.
- Facilitar los intercambios de saber y de experiencias entre las familias.
- Abrir un espacio para la construcción conjunta de las actividades y las intervenciones realizadas por el Centro Exil, tanto para los participantes en el programa como para los profesionales.

La solidaridad: todo el mundo encuentra algo…

Esta Liga sólo acaba de comenzar… No obstante, las mujeres que la forman han expresado ya varias veces, y de forma muy concreta, su solidaridad apoyando a otras madres que se encuentran en situaciones de intenso desamparo. Estas mujeres habían conocido por sí mismas esos estados de sufrimiento y fueron capaces de ofrecer su presencia y su preciosa ayuda a otras mujeres y a sus hijos. Se ha creado así una verdadera red de apoyo, formada por mujeres que se hallaban en un estado real de carencias materiales, aislamiento social y descompensación depresiva. Las mujeres de la Liga, en colaboración con los profesionales, se fueron relevando para alojarlas, para acompañarlas en algunas gestiones, para ocuparse de sus hijos y para apoyarlas moralmente.

Las mujeres que han apoyado y ayudado a otras han expresado la importancia que este gesto de solidaridad ha tenido para ellas. Han hablado de ello también como de algo totalmente natural («con todo lo que nosotras hemos pasado, ¡no podemos dejar de ayudar a los demás!») y, al mismo tiempo, como de un paso extremadamente importante en su trayectoria vital: «Esta vez he sido yo quien ha ayudado. Cuando la veía tan mal, me veía a mí misma no hace tanto tiempo, y la entendía perfectamente. Ahora sé que no estoy tan mal como antes…»

A modo de conclusión

Nuestro proyecto de investigación-acción basado en el buen trato nos ha permitido, como equipo, afinar nuestra práctica y desarrollar una metodología de trabajo más coherente con los niños y con sus familias que han sido víctimas de la violencia organizada, en función de sus necesidades específicas.

Un resultado importante de esta investigación son los modelos obtenidos como fruto de nuestras intervenciones. Estos modelos se han realizado principalmente gracias a la articulación de los diferentes espacios de la intervención con los niños y sus familias: espacios de terapia individual o familiar y espacios colectivos.

Las situaciones-tipo que hemos descrito en el capítulo 3 pueden servir de mapa a los profesionales para situar el nivel de sufrimiento de los miembros de una familia que haya sido víctima de la violencia organizada. Pero al mismo tiempo, y sobre todo, sirven para reflexionar y para actuar asegurando la protección de los niños. Enfrentarse, como profesionales, a una madre que experimenta dificultades transitorias ligadas a un contexto perturbador es una realidad muy diferente a encontrarse con una madre profundamente marcada por una violencia familiar o social de tipo transgeneracional y atenderla: no implica las mismas posibilidades de intervención, ni los mismos niveles de reparación.

La finalidad de este libro ha sido, para nosotros, la posibilidad de buscar elementos para evaluar, validar y proseguir nuestra práctica y mejorarla. Confiamos, no obstante, en que las enseñanzas que hemos sacado de ella puedan resultar útiles a otros profesionales que intentan también contribuir al buen trato de los niños en general y, más específicamente, al de los niños que han sido víctimas de las catástrofes humanas y de la violencia organizada.

En primer lugar, todos estos años nos han permitido vivir, con una actitud casi antropológica, en el interior de una comunidad de personas supervivientes de catástrofes que intentan, a pesar de todo, asegurar los cuidados y la protección de sus hijos.

Nuestra primera enseñanza es, por tanto, que la violencia, a pesar de su fuerza destructiva, no es omnipotente.

Existen en los humanos fuerzas de resistencia resiliente que, a pesar del sufrimiento, permiten no solamente sobrevivir, sino continuar aún generando comportamientos altruistas, como en el caso de los cuidados, la protección y la educación de los hijos.

Nuestra investigación nos permite dar testimonio de estos recursos y también discernir y describir su contenido.

Creemos que la experiencia de un apego seguro vivido en la infancia es una de las fuentes básicas, no sólo de las capacidades de resiliencia, sino también de las competencias parentales. Esta experiencia sigue siendo un recurso a pesar de los sucesos traumáticos que han provocado una ruptura de contexto.

Nuestras observaciones nos han permitido una vez más mostrar hasta qué punto el apego, cuando es lo bastante sano, sirve como base para las experiencias de buen trato.

La calidad del apego es un indicador de buen trato, a la vez que su principal fuente.

El trabajo que realizamos con las familias se dirige siempre a la restauración o al mantenimiento de las capacidades de empatía de los padres. Estas capacidades quedan frecuentemente alteradas por las secuelas del trauma y de la depresión. La empatía es, no obstante, esencial en la instauración y el mantenimiento de un apego sano.

A diferencia de los animales, el ser humano existe también en un mundo de representaciones y símbolos. Algunos contenidos de estas representaciones facilitan la supervivencia y la adaptación: son las creencias que se basan en el amor a la vida y el respeto al otro. Cabe destacar aquí la importancia de la plasticidad estructural del sujeto, que le permite hacer evolucionar sus creencias para que estén al servicio de la vida, y no para ser fuente de desadaptación y muerte.

Por ello, las creencias tienen igualmente un rol importante en la producción y la conservación del buen trato.

Nuestra investigación muestra que la parentalidad bientratante es sinónimo de transmisión cultural y que el riesgo más importante de la situación de exilio es la ruptura de esa transmisión.

De ahí derivan todos los esfuerzos desplegados por nuestro equipo para crear un proceso capaz de prevenir las rupturas definitivas e irrecuperables con respecto a la cultura de origen.

Nuestras conversaciones con las familias de diferentes nacionalidades que participan en nuestro programa nos han ayudado a reforzar la idea de que cada individuo, cada familia, cada grupo humano, comprende la realidad y actúa sobre ella a partir de conocimientos. Estos conocimientos son el resultado no sólo de su historia de vida personal y familiar, sino también de su pertenencia comunitaria.

La mayoría de los padres que participan en nuestro programa tienen sistemas de creencias que, aunque sean diferentes de los nuestros, les sirven de base para asegurar comportamientos bientratantes hacia sus hijos.

Cuando ése no es el caso, pensamos que tan sólo un diálogo intercultural basado en conversaciones que faciliten lazos emocionales positivos permite la construcción conjunta de nuevas creencias, más adaptadas, con el fin de asegurar el bienestar y el desarrollo de los niños.

Por lo demás, nuestro trabajo nos permite observar hasta qué punto el buen trato depende del contexto y de las condiciones de vida de las familias.

Si un proyecto pretende facilitar dinámicas bientratantes, debe incluir entre sus actuaciones todos los medios posibles para mejorar las condiciones de vida de esas familias. Además, conviene hacer todo lo posible para reconstruir en torno a esas familias un tejido social.

Nuestras investigaciones nos han hecho desarrollar intervenciones en ese sentido, e ilustrar también el impacto que han tenido sobre las familias.

A partir de nuestras intervenciones, resulta evidente que los profesionales constituyen uno de los ejes de la reconstrucción del tejido humano necesario para el bienestar de los padres y el buen trato a los hijos.

Para hacerlo, hay que aportar conocimientos y experiencias verdaderas de encuentro a esos profesionales, con el fin de apoyar no sólo sus recursos profesionales, sino también todo lo que existe de solidario y altruista en ellos.

Finalmente, nuestras investigaciones nos han permitido incorporar a nuestra acción el paradigma aún incompleto de la «resistencia resiliente», al observar que la capacidad para resistir a las adversidades está unida, sobre todo, a experiencias de apego seguro y a la pertenencia a unas relaciones familiares y comunitarias sanas y solidarias.

Los resultados de nuestras investigaciones muestran que, en una gran parte de las familias seguidas por nuestro programa, un tipo de acompañamiento como el que nosotros les ofrecemos es suficiente para hacer que se reequilibren y aseguren el buen trato a los niños.

No obstante, con algunas de ellas (el 6% aproximadamente) tenemos grandes dificultades para mantener una evolución favorable, por lo que precisamos de intervenciones a más largo plazo con el apoyo de los organismos de protección a la infancia.

Frecuentemente encontramos, en la historia de estos padres, una grave vivencia de maltrato o de abandono en sus propias infancias.

Para concluir, queremos compartir nuestra convicción de que se necesitan tres condiciones para que los profesionales sean capaces de ayudar a los niños y a sus familias que han sido víctimas de la violencia organizada: *compromiso, competencia* y, sobre todo, *realismo*.

Queremos por último insistir acerca de la necesidad de un trabajo en equipo de calidad. Para ello es necesario el compromiso de cada uno de sus miembros y la creatividad de todo el equipo. Para que nuestros proyectos sean eficaces, deben estar siempre en consonancia con las necesidades de las familias y con sus diferentes problemas. Se trata de aliarse con cada miembro de la familia, respetando sus representaciones y potenciando sus recursos. Para ello hay que renunciar a la tentación de creerse en posesión de un poder de curación sobre los demás. Nuestra función es ser acompañantes y facilitadores de los procesos relacionales destinados a apoyar la resistencia resiliente de todos, incluyéndonos nosotros mismos, con nuestras aportaciones personales y profesionales. Y todo ello para restablecer un contexto de humanidad, curar las heridas y apoyar una adaptación crítica a la nueva sociedad, a la vez que apoyamos y restauramos las prácticas bientratantes en el interior de la familia, así como en el equipo de intervención. Para lograrlo, intentamos que los miembros de nuestro equipo participen de un apego seguro, basado en el respeto y en la consideración mutua. Construimos conjuntamente modelos teóricos que apoyan nuestra práctica, y procuramos que las decisiones concernientes a nuestras intervenciones sean el resultado de una maduración en la que todo el mundo participe.

El trabajo de equipo y la reflexión en común incluyen, forzosamente, divergencias, enfrentamientos, frustraciones, desgaste. Nuestro equipo no está más a salvo que lo pueda estar cualquier otro equipo. Pero lo que contiene ese desgaste es la fuerza de tener un proyecto en común y el deseo de que ese proyecto salga adelante y vaya mejorando.

Esta fuerza la extraemos cada día de nuestro trabajo, cuya aportación más rica es la humanidad que se desprende de esas familias y la manera en la que ellas nos dan su confianza y nos abren una generosa vía de acceso a sus sufrimientos, así como la manera, siempre singular y creativa, en la que intentan superarlos.

Los resultados del trabajo de investigación-acción que hemos querido compartir con los lectores nos han permitido reforzar nuestro compromiso y nuestro trabajo con esas familias y sus hijos, que han sido especialmente sacudidos por la barbarie humana. Nuestros encuentros con estas familias no han cesado de modelar nuestra práctica, de influenciar nuestro modelo de acompañamiento y de marcar profundamente nuestra visión del ser humano y de las capacidades que posee para resistirse a la violencia.

Por ello podemos decir que nuestro modelo de investigación-acción nos ha ayudado realmente a impulsar una dinámica nueva en nuestro trabajo. En particular, hemos aprovechado esta oportunidad para centrarnos aún más en las personas más vulnerables, como lo son esos niños que han sido lanzados al torbellino de la guerra y del exilio. Quienes se ven así arrancados de su infancia y precipitados a un mundo violento e insensato no cesan de maravillarnos por las capacidades que tienen para resistir y seguir creciendo. No obstante, a pesar de esa resistencia, el sufrimiento del niño es muchas veces invisible, y es nuestro deber, en tanto que adultos, seguir haciendo todo lo posible para acceder a él y tratarlo.

Bibliografía

Adolphs, R. (1999). «Social cognition and the human brain», *Trends in cognitive Sciences*, 3, pp. 469-479.

Ainsworth, M.D.S. (1989). «Attachement Beyond Infancy», *American Psychologist*, 44, pp. 709-716.

Aubrac, R. et al. (1992). «D'Auschwitz à Sarajevo. Pourquoi la Résistance», en *Passages*, n.º 50, octubre.

Bailly, L. (1996). *Les catastrophes et leurs conséquences psychotraumatiques chez l'enfant*, París, ESF.

Barudy, J. (1987). «La valeur thérapeutique de la solidarité et de l'espoir», en *Réfugiés, les traumatismes de l'exil*, Bruselas, Brylant.

— (1989). «A programm of mental health for political refugees. Dailing with the invisible pain of political exil», en *Rev. Soc. Sci. Med.*, 28, 7, pp. 715-727, Londres, Pergamon Press.

— (1989). «L'utilisation de l'approche systémique lors de thérapies avec des familles de réfugiés politiques», *Thérapie familiale*, Génova, 10-1, pp. 15-31.

— (1992). «Migration politique, migration économique: une lecture systémique du processus d'intégration des familles migrantes», en *Santé mentale au Quebec*, XVII, 2, pp. 47-70.

— (1998). *El dolor invisible de la infancia: una lectura ecosistemática del maltrato infantil*, Barcelona, Paidós.

— y col. (1983). *Psicopatología de la tortura y del exilio*, Madrid, Fundamentos.

— y Vieytes, C. (1985). *El dolor invisible de la tortura: nuestras experiencias psicoterapéuticas con refugiados políticos*, Bruselas, Franja.

— y Dantagnan, M. (2005). *Los buenos tratos a la infancia. Personalidad, apego y resiliencia*, Barcelona, Gedisa.

Baumrind, D. (1971). «Harmonius parnts and their preschool children», en *Developmental Psychology*, 4 (1), pp. 99-102.

Belarouci, L. (1998) «L'enfance blessée: à tel présent, quel avenir?», Séminaire international, 18-19 de febrero de 1998, Hospital Franz Fanon, Blida.

Bell, D.C. (2001). «Evolution of parental care giving», en *Personality and Social Psychology Review*, 5, pp. 216-229.

Bowlby, J. (1972). *Cuidado maternal y amor*, México, Fondo de Cultura Económica.

— (1978). «L'attachement», en *Attachement et perte,* tomo 1, París, PUF.

Brothers, L. (1989). «The's brain: A project for integrating primate behavior and neurophysiology in a new domain», *Concepts in neuroscience,* 1, 27-51.

Byng-Hall, J. (1998). «Réécriture des scénarios de deuil. Scénarios familiaux et culturels d'attacheeement et de perte», *Cahiers critiques de thérapie familiale et de pratiques de réseaux,* pp. 89-107, París, Bruselas, De Boeck et Larcier.

Cannon, W.B. (1932). *The wisdom of the body*, Nueva York, Norton.

Canter Kohn, R. (1982). *Les enjeux de l'observation*, París, PUF.

Carter, C. S. y col. (1999). *The integrative neurobiology of affiliation*, Cambridge, Mass.: MIT Press.

Crittenden, P. M. (1981). «Abusing, neglecting, problematic, and adequate dyad: Differentiating by patterns of interaction», en *Merril-Palmer Quarterly,* 27 (3), pp. 201-218.

Cyrulnik, B. (1983). *Les nourritures affectives*, París, Odile Jacob.

— (1989). *Sous le signe du lien*, París, Hachette. [Trad. cast.: *Bajo el signo del vínculo*, Barcelona, Gedisa, 2005.]

— y colab. (1998). *Ces enfants qui tiennent le coup*, Revigny-sur-Ornain, Hommes et Perspectives.

— (1999). *Un merveilleux malheur*, París, Odile Jacob. [Trad. cast.: *La maravilla del dolor: el sentido de la resiliencia*, Barcelona, Granica, 2001.]

— (2001). *Les vilains petits canards*, París, Odile Jacob. [Trad. cast.: *Los patitos feos*, Barcelona, Gedisa, 2002.]

— (2003). *Le murmure des fantômes*, París, Odile Jacob. [Trad. cast.: *El murmullo de los fantasmas: volver a la vida después de un trauma*, Barcelona, Gedisa, 2003.]

Delage, M. (2001). «La résilience: approche d'un nouveau concept», *Revue Francophone du Stress et du Trauma,* tomo 1, n.° 2, febrero.

Duthil, P. (1999). «Femmes d'ailleurs, mères ici», en *Devenir parents en exil,* pp. 23-39, Toulouse, Erès.

Duss Von Werdt, J. (1996). «L'homme et l'image de l'homme: tout est dit, rien n'est connu», Conférence d'ouverture du 8ème Congrès de l'Association des Psychothérapeutes Conjugaux et Familiaux du Québec (Montréal, 8 nov.).

Ethier, L. y col. (1998). *Réussir en négligence*, Québec, GREDEF-Centre Genèse Maurice Bois-Francs.

Fontanel, B. y D'Harcourt, C. (1998). *Bébés du Monde*, París, La Martinière.

Freynet, M.-F. (1996). *Les médiations du travail social. Contre l'exclusion, (re)construire les liens*, Lyon, Chronique Sociale.

Franssen, A. y Lemaigre, T. (1998). *La tête hors de l'eau. Les détresses sociales en Belgique*, Bruselas, Petite Bibliothèque de la Citoyenneté.

Freud, S. (1954). *Dora, cinq psychoanalyses*, P.U.F., París.

Fromm, E. (1987). *El arte de amar*, Paidós, Barcelona.

Gauthier, Y. (1999). «Accès à la parentalité de familles vulnérables: peut-on briser la répétition?», *Cahiers de l'Afrée (Association de Formation et de Recherche sur l'Enfant et son Environnement)*, n.° 14, Montpellier.

Houbballah, A. (1998). *Destin du traumatisme. Comment faire son deuil*, París, Hachette Littérature.

Jalley, E. (1998). *Freud, Wallon, Lacan. L'enfant au miroir*, París, EPEL, p. 384.

Kervyn, A. y Stengele, A. (1998). *Action sociale et action communautaire*, CO-COF-CRIDIS (Centre de Recherche et d'Intervention sur les Dynamiques Institutionnelles et Sociales), *Cahier Pédagogique*, n.° 3.

Lemay, M. (1998). «Résister: rôle des déterminants affectifs et familiaux», en *Ces enfants qui tiennent le coup*, Revigny-sur-Ornain, Hommes et Perspectives, pp. 27-44.

López Sánchez, F. (1995). *Prevención de los abusos sexuales de menores y educación sexual*, Salamanca, Amarú.

Main, M. y Solomon, J. (1986). «Procedures for identifying infants as disorganized/disorientated during the Ainsworth strange situation», en Greenberg, M., Cicchetti, D. y Cummings, M. (eds.): *Attachment in the Preschool Years*, Chicago, Univ. of Chicago.

Manciaux, M. (2000). «Enfants en souffrance, familles en difficulté: leur rapport à la santé», en *Être parents en situation de grande précarité*, Toulouse, Erès, pp. 76-91.

— (2001). «La résilience: concept et action», *Médecine et Hygiène*, Génova.

Maqueda, F. y col. (1999). *Traumatismes de guerre. Actualités cliniques et humanitaires*, Revigny-sur-Ornain, Hommes et Perspectives.

Maturana, H. (1990). *Emociones y lenguaje en educación política*, Santiago de Chile, Hachette/Comunicación.

Mercier, M. (1996). «Quelques point de repère épistémologiques», en *La connaissance des pauvres*, Louvain-la-Neuve, Travailler le social, pp. 69-76.

Moro, M.-R. (1999). «Devenir père, devenir mère en exil…», en *Devenir parents en exil*, Toulouse, Erès, pp. 7-10.

— (1994). «Co-construire l'interaction parents-enfants: du sens culturel au sens individuel», en *Destins de femmes, réalités de l'exil. Interactions mères-enfants*, La Pensée Sauvage, pp. 199-215.

Pankseep, J. (1998). *Affective neurosciencie*, Oxford University Press, Londres.

Pourtois, J.-P., Desmet, H. y Nimal, P. (2000). «Comment la famille répond aux besoins fondamentaux des enfants. Une enquête auprès d' enfants de 10 –12 ans», en *Relation Familiale et Resilience*, L'Harmattan.

— y col. (1997). *L'education postmoderne*, París, P.U.F.

Prigogine, I. et al. (1980). «Ouvertures», en *Cahiers critiques de thérapie familiale et pratiques de réseaux*, París, Gamma, 3.

Richman, N. (1998). *In the midst of the whirlwind. A manuel for helping refugee children*, Inglaterra, Trentham Books.

Roose, F. (1999). *La négligence parentale*, document du S.A.J., Bruselas.

Selye, H. (1956). *The streets of life*, Nueva York, McGraw-Hill.

Shelley, E. T. (2002). *Lazos vitales. De cómo el cuidado y el afecto son esenciales para nuestras vidas*, Madrid, Taurus.

Sironi, F. (1991). «La question de la transmission du traumatisme chez les victimes de torture», *Psychologie Française*, 36-34, pp. 371-383.

Spitz, R. (1974). *El primer año de vida del niño*, México, Fondo de Cultura Económica.

Stern, D. (1985). *Le monde interpersonnel du nourrisson*, París, PUF.

Steinhauer, P. y col. (1995). *Guide d'évaluation de la compétence parentale*, Toronto, Institut pour la Prévention de l'Enfance Maltraitée.

Stierlin, H. (1981). *Terapia de familia*, Barcelona, Gedisa.

Tamaia (Associació de Dones contra la Violència Familiar) (2002). Memoria, TAMAIA, Barcelona.

Taylor, S.E. (2002). *Lazos vitales: de cómo el cuidado y el afecto son esenciales para nuestras vidas*, Taurus, Madrid.

Terr, L. (1988). «What Happens to Early Memories of Trauma? A Study of Twenty Children Unger Age Five at the Time of Documented Traumatic Events», Journal of de American Academy of Child and Adolescent Psychiatry, 27: 96-104.

Tilmans-Ostyn, E. (1995). «La thérapie familiale face à la transmission intergénérationnelle de traumatismes», *Thérapie familiale*, Génova, 16-2, pp. 163-183.

— (1987). «La thérapie familiale dans son approche spécifique des jeunes enfants», *Thérapie familiale*, Génova, 8-3, pp. 229-246.

— (1981). «La création de l'espace thérapeutique lors de l'analyse de la demande», *Thérapie familiale*, Génova, 2-4, pp. 329-335.

Vaillant, M. (2001). «Recyclage de la violence et capacité de résilience: l'hypothèse transitionnelle dans la réparation», en *La résilience: le réalisme de l'espérance*, Toulouse, Erès, pp. 241-253.

Van Willigen, L.H.M. y Hondhuis, A.J.K. (1992). *Vluchtelingen en gezondheid. Theoristische beschouwingen*, Amsterdam, Swets & Zeitlinger.

Vanistendael, S. y Lecomte, J. (2000). *La felicidad es posible. Despertar en niños maltratados la confianza en sí mismos: construir la resiliencia*, Barcelona, Gedisa.

Varela, F. (1996). *Ética y Acción*, Santiago de Chile, Dolmen.

Vila, G., Porche, L.M. y Mouren-Simeoni, M.C. (1999). *L'enfant victime d'agressions. Etat de stress post-traumatique chez l'enfant et l'adolescent*, París, Masson, p. 170.

Winnicott, D.W. (1975). *Jeu et réalité, l'espace potentiel*, París, Gallimard (libro escrito en 1971). [Trad. cast.: *Realidad y juego*, Barcelona, Gedisa, 1982.]

Zeanah, C.H. y Lieberman, A.F. (1995). «Desorders of Attachment in Infancy», *Child and Adolescent Psychiatric Clinic of North America*, 4, pp. 571-587.